対人サービスで働く人々の組織的支援

感情労働マネジメント

西武文理大学
サービス経営学部 教授
田村 尚子

生産性出版

はじめに――感情労働の課題

現代は、顧客への気配りやおもてなしがより一層求められています。本書では、対人サービスを中心に、そのような気配りやおもてなしを職務の一環として、日常的に求められる立場にある方々が、心身ともに健康でいきいきと働くためにはどうしたら良いのか、組織としてどのように支援したら良いのか、さらに、その具体的な方策・仕組みはどうあるべきかを考えていきます。

気配りやおもてなしをするためには、相手の気持ちを察したり、相手が自分に好感を持ってもらえるように振るまったり、さまざまな感情の働きが必要です。仕事をするうえで必要なさまざまな感情の働きのうち、顧客などの相手にその状況に適した、「怒りが収まる」「満足感を得る」などの精神状態になってもらうために、相手に対応する人自身の心に、苛立ちなど自然に生起する感情をコントロールする職業的努力のことを「感情労働」といいます（第1章で詳述）。

「経済のサービス化」が進展する中、このような「感情労働」を伴う顧客対応現場が増加しています。「対人サービス」という言葉からは、ホテル、航空会社などの接客をイメージしがちですが、実はメーカーの営業職、病院の医療従事者などさまざまな業種・職種で行われているものです。肉体労働、頭脳労働に続く第三の労働といわれるこの「感情労働」は、働く人に多かれ少なかれ精神的負担を課すことになります。

筆者の行ったヒアリング調査でも「店長からどんなときにも〝心から〟の笑顔で」と日々厳しく注意を受け、頑張って努力を続けたものの、次第に気持ちが現状に追いつかなくなり、精神的に疲れ果ててしまったというアパレル販売員がいました。笑顔を作ろうにも顔が引きつってしまい、どうにもならなくなり、最終的には離職に至ったということでした。この例のように精神的負担が継続的に積み重なってくるとストレス過剰となり、精神面に変調をきたすことは一般的に知られていることです。

その一方で、感情労働の行使により、顧客から感謝や満足の声など肯定的な反応を得ることもあり、働く人に達成感や喜びをもたらし、やる気が起こり、職場が活性化するという報告もあります。

この差異は一体どこから生じるのでしょうか。また、どのようにしたら感情労働から生じる負担やネガティブな面を軽減し、ポジティブな面を増やすことができるのでしょうか。これは、心身ともに健全に、かつ誇りとやる気をもって働き続けたい人にとっても、働く人のメンタルヘルスに気を配り、より良い仕事環境を整備・提供する責任のある組織にとっても極めて重要な課題です。

本書は、対人サービスの最前線で感情労働を行っている方々はもとより、対人サービスの現場をマネジメントする上司・管理者、働く人の心身の健康を守るうえで大きな責任を持つ経営トップ、また、サービス業に関心を持つ学生など、この課題に関係するすべての方々に読んでいただきたいとの願いから、執筆しました。

本書の特徴とねらい

「感情労働」について書かれた本はいくつかありますが、本書では次の3つの視点から新しい切り口を提供します。

ひとつ目は、対人サービスの現場を特定の業種・職種に絞るのではなく、幅広い業種・職種を対象にしている点です。対人サービスの代表的職業としては、看護師、介護士、教員などが挙げられますが、他にもホテル、旅館、航空、百貨店、テーマパーク、コールセンター、市役所など、さまざまな業種・職種の現場で感情労働を伴う対応が行われています。現在では、建設業の現場施工者、メーカーの技術職なども例外ではありません。「対人サービス」は多くの現場で多かれ少なかれ行われているものなのです。本書では、どの業種・職種にも共通して有効とされる感情労働者を支援する方策を提示します。

2つ目は、対人サービスにおける感情労働から生じる課題に対して、感情労働のマネジメントとして、主に組織論的視点からアプローチし、そのうえで有効な組織的支援の対応策を検討し提案している点です。これまでも社会学の研究領域である「労働」としての評価やジェンダーの観点からも多くの議論がされてきました。また、心理学的な視点からも、感情労働と働く人のストレス、職務満足などとの関連を探求する研究が行われてきました。

　本書でも、対人サービスで働く人（対人サービス従事者）が個人として行うストレス対応策にも言及しますが、特筆すべきは、ストレス対策を個人の資質や努力にのみ委ねるのではなく、組織の課題としてとらえ、チーム・組織レベルでどう取り組み、支援を行っていくかという組織の感情労働マネジメントに重点を置いているところです。対人サービス従事者が持てる力を充分発揮できるように環境を整備し、いきいきと働くことができる組織的支援の仕組みなど、組織論的視点で対応策を検討し、提示するということです。対人サービス従事者が心身共に健康に職務を遂行し、組織と共に成長することを目指し、労使双方の視点、働く人自身と組織の視点から具体的な支援のあり方を考えていきます。

　3つ目は、ヒアリング調査[1]で聴かせていただいた、対人サービスの現場で働く当事者の声を随所に挿入している点です。その意図は、感情労働の現場で働く人の実態を少しでもリアルな形でお伝えすること、ご自身の職務にも含まれる感情労働に気づき、対応の必要性を実感していただくこと、さらに感情労働に関する説明をよりわか

1. ヒアリング調査は、2008年以降、現場の対人サービス従事者を中心に、管理職、経営幹部・経営トップを対象に、継続的に行っている。年代は20～60代。業種は、医療・福祉、卸売・小売、製造、金融・保険、教育、情報通信、宿泊・飲食交通・運輸、娯楽・スポーツなど。

［図表1］本書のねらい

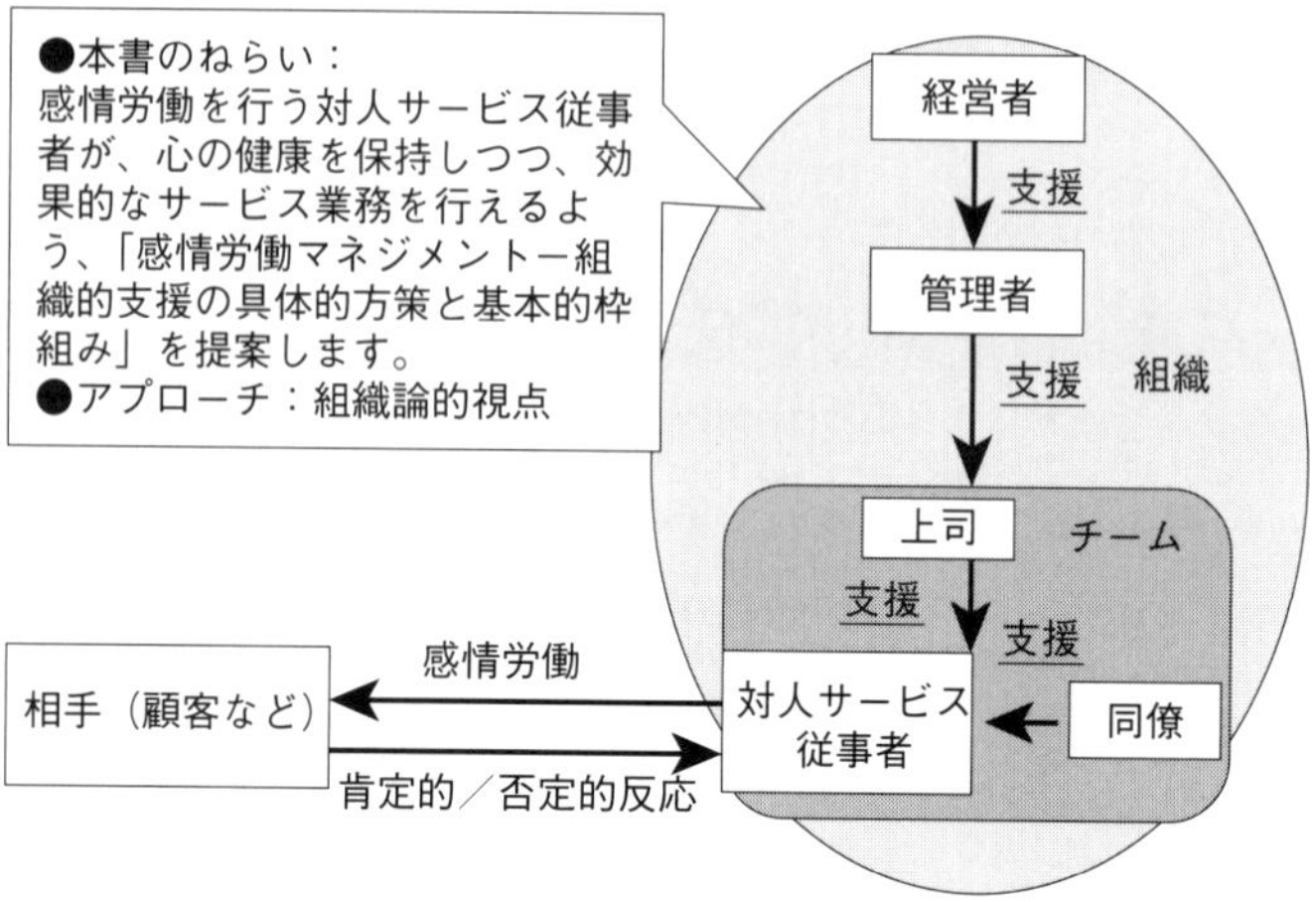

筆者作成

りやすくするためです。

なお、巻末には、職場における感情労働への支援状況をみる、簡便な「チェックリスト」を添付しました。

サービス競争が激化する中、働く人が心身ともに健全であることは、他社に対する優位性を保持するための基盤にもなり、喫緊の課題として取り組む必要があります。本書がそのために少しでも寄与できれば幸いです。

2018年3月　　田村　尚子

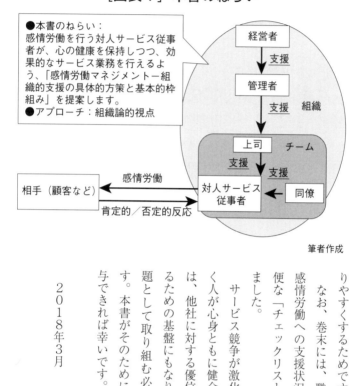

感情労働マネジメント◆目次

はじめに——感情労働の課題 1
本書の特徴とねらい 4

序章 今、なぜ「感情労働」なのか

1．感情労働をめぐる3つの変化 16
2．個人の努力から組織の課題へ 20

第1章 感情労働とはなにか

1．ホックシールドの感情労働論 26
(1)感情労働の定義 26
(2)感情規則と感情管理 29
(3)感情管理の技術・方法 31

(4)感情労働の3つの特徴 …… 33
(5)感情労働の特性 …… 37
2．感情労働論を巡るさまざまな議論 …… 38

第2章 対人サービスの現場を探る

1．管理者の目に触れにくい「感情労働」 …… 46
2．職務内容からみる感情労働の4分類 …… 49

第3章 「感情労働」が心にもたらす影響(1) ——肯定的側面

1．ポジティブな影響をもたらす5つのキーワード …… 69
(1)「笑顔」 …… 69

(2)一定の「裁量性」……71
(3)「評価」……75
(4)「自己承認」……78
(5)「有能感」……80
2. モチベーションと職務満足感……82
(1)モチベーションを高める「外的報酬」と「内的報酬」……82
(2)健康的に働くための「やりがい」や「満足感」……84

第4章「感情労働」が心にもたらす影響(2)
——否定的側面

1. ネガティブな影響をもたらす5つのキーワード……89
(1)「我慢」……89
(2)「演技」……93

(3)「一体化」……96
(4)「深入り」……98
(5)「互酬関係」……101
2. 感情労働とメンタルヘルス……104
(1)感情労働による職業性ストレス……105
(2)仕事の「要求度」「裁量度」とメンタルヘルス……107

第5章 「感情労働」への具体的方策

1. 事前に行う対応策……116
(1)個人が行う対応……116
(2)チームレベルの支援……120
(3)組織レベルの方策……127
2. 事後に行う対処……134

(1)個人が行う対処 134
(2)チームレベルの支援 138
(3)組織レベルの方策 143
3．方策の実効性を高める3つのポイント 146
4．感情労働を支える三層支援体制 160

第6章　マネジメント事例に学ぶ三層支援

1．事例 164
◇中央タクシー株式会社 164
◇株式会社さくら住宅 176
◇株式会社武蔵境自動車教習所 189
◇株式会社アポロガス 196
◇川越胃腸病院 207

2. 組織的支援を進めるための5つのポイント …… 220
(1)経営トップの従業員第一主義 …… 221
(2)サービス・コンセプト …… 223
(3)チーム力 …… 226
(4)キーパーソン …… 228
(5)教育・研修の機会 …… 228
おわりに …… 230
謝辞 …… 236
付録■職場の現状把握チェックリスト …… 238
参考文献 …… 240

序章

今、なぜ「感情労働」なのか

1. 感情労働をめぐる3つの変化

昨今は、「おもてなし」「ホスピタリティ」という言葉をよく耳にします。百貨店などの商業施設に限らず、経済産業省でも平成24年からサービス事業者を対象に「おもてなし経営」[2]と称したビジネスモデルを提示しています。同モデルには、社員に対してはマニュアルを超えたサービスのための教育を、顧客に対しては、高付加価値・差別化サービスを提供することなどが記されています。

実際、画一的なマニュアルを超えたホスピタリティのある対応は、顧客に満足・信頼・感動というプラスアルファの心理的価値を提供し、結果として他社との差別化や取引企業との継続的関係の強化につながると期待されています。

このホスピタリティを発揮するうえで、特に必要とされるのが「感情労働」なのです。

「感情労働」は、特に対人サービスの現場で以前から行われてきました。それにもかかわらず、今日の社会で「感情労働」がなぜ話題になっているのでしょうか。

2.「おもてなし経営企業選」は平成24年度から26年度まで実施された（経済産業省商務情報政策局サービス政策課 http://www.meti.go.jp/policy/servicepolicy/omotenashi-keiei/）。その後、引き続き、質の高い優れたサービスを提供する事業体を表彰する「日本サービス大賞」に移行し、第一回は平成28年6月に開催された。

今、改めて「感情労働」とその課題を取り上げる必要があるのは、その背景に、

①産業構造の変化
②社会環境の変化
③人々（顧客）の意識の変化

という3つの変化が大きく関係しているからです。

①は、産業構造におけるサービス化の進展です。サービス産業がわが国のGDPの約70％となり、従業員も全体の約75％を占めるなど日本経済に大きなウエイトを有しています。

このようなサービス化の進展は、従来のサービス産業はもとより、製品がメインであり、サービスは付加的な位置づけに過ぎなかった製造業などの現場にも少なからず影響を及ぼしています。その影響のひとつとして、対人サービスの現場とそれに伴い「感情労働」を行使する人が増加していることです。

現在は、メーカーの技術職なども感情労働の例外ではありません。特に昨今では、「医療は究極のサービス業」「建設業はサービス業」など、本来の業種に対して、「サービス業」と意味づけを換えたり、つけ加える企業なども見受けられます（第6章参照）。その結果、感情労働を要する現場が広がりつつあります。

②は、インターネットなどICTの普及・浸透です。国内ばかりではなく海外にまで瞬時に情報が伝播する時代です。企業などのサービス対応に対する評価や情報もインターネットなどを通して一瞬で拡散します。好意的なプラスの評価を得るためにも、不本意な評価を事前に回避するためにも、対人サービスの現場でのきめ細やかな感情労働の行使が従来以上に求められています。

さらに今後は、サービスの生産性向上のためにICTで対応できるサービスと人ならではのサービスに分化される方向にあります。後者の人によるサービスには、きめ細かい心遣いのある感情労働が以前にも増して求められると考えられます。

③は、多くの対人サービスの現場で他社との競争優位を図るため、画一的なマニュアルを超えて顧客に喜びや満足感などをもたらす「感情労働」を伴う対応を、より一層求めるようになっているからです。

それと同時に、顧客は企業側の提供するサービスに慣れてしまい、常により高いレベルのサービスを要求する傾向にあります。顧客の中には企業などが標榜する「お客様第一」や「顧客満足」などを曲解し、常軌を逸した理不尽でわがままとも言える要求をする次のようなケースも増えています。

昨今は、求める内容が細かくなり、要求度が高くなっています。常識では考えられない言動をする人が増えています。こちらが誠意を尽くして一生懸命やっていても、「おもてなし」に乗じて一方的に理不尽な要求を通そうとし、思い通りにならないと逆切れする人もいます。（小売業販売職）

長時間営業のコンビニの普及など、我慢をせずにいつでも欲しいものを手に入れることができるという便利な環境に慣れ親しんだことも、人々の意識に少なからず影響を与えているのかもしれません。実際、ヒアリング調査でもこの10年だけで、理不尽な要求が増加傾向にあるという回答が数多く聞かれました。

以上のように、対人サービスの現場では、サービスの基本となる誠実性・正確性などに加えて、従来にも増して「感情労働が必要とされる場」「感情労働を行う人」「過度の感情労働を要求されるケース」などすべてが増加傾向にあります。このような状況下では、感情労働の現場で発生するさまざまな課題への対処を、従来のように、個人の資質、能力、経験、努力にのみに委ねるのは、もはや限界と言えるでしょう。

2. 個人の努力から組織の課題へ

実際、現場からは過度に疲弊し、精神的疾患や離職に至ったという声も聞かれます。その一方で、非常に大変な面もありますが、それにもましてやりがいを感じるという現場の声もあります。

このような差異は一体どこから生じるのでしょうか。また、どのようにしたら感情労働の行使から生じる否定面を軽減し、肯定面を増大させることができるのでしょうか。

この問いを組織レベルの課題として認識し、有効な対応策を検討して真摯に取り組んでいくことは、組織にとって非常に重要なことです。感情労働を行使した結果、相手に喜びや満足をもたらし、感謝の言葉などを受けることができれば、対人サービス従事者も達成感・充実感を得て、一層よりよいサービス提供への意欲が増すことにつながります。

その反面、クレーム対応などで相手に度重なる感情労働を行使した結果、過度のストレスによる精神的疲労や精神的負担が増し、メンタルヘルスに大きな影響をもたらすことが懸念されます。

すなわち、「感情労働」において、前者の場合には、対人サービス従事者に喜び、自信、達成感、満足感などを与え、更なるサービス向上への意欲を喚起させるなどモチベーションの向上、人間的成長の原動力となることがあります。この肯定的側面を企業・組織はさらに増大するよう、感情労働が「相手（顧客など）」「対人サービス従事者」「企業・組織」の三者にプラスの相乗効果をもたらすよう具体的な方策を立て、支援することが求められます。

一方、後者の場合、精神疾患や離職など今後の個人のキャリアへ負の影響をもたらすだけではなく、組織にとっても有能な人材の喪失、ひいては組織全体の士気や活力の低下をもたらし、有形無形の損失につながります。この否定的側面に関しては、精神的負担・疲弊などの軽減に寄与する、実効性のある組織的支援の仕組み・体制づくりが必要です。

第1章

感情労働とはなにか

「感情労働」という概念がわが国で一般に知られるようになったのは、ある一冊の本が出版された2000年以降と言えるでしょう。その本とは、アメリカの社会学者であるA・R・ホックシールドが1983年に上梓した『*THE MANAGED HEART: Commercialization of Human Feeling*』の邦訳書、『管理される心——感情が商品になるとき』（世界思想社）です。ホックシールドはこの著書の中で、「感情労働」についてインパクトのある表現を用いて、

「19世紀の労働者は肉体を酷使されたが、サービス労働に従事する現代の労働者は〝心〟を酷使されている」

「現代とは感情が商品化された時代であり、対人的職業に従事する人は〝心〟を売らねばならない」

などと述べています。

ホックシールドは、「感情」というその人らしさを象徴する部分、人間存在の根本をなす部分までもが商品の一部となっていることに対して問題意識を持ち、「感情労働」の本質を、対人サービスの現場への深く鋭い観察眼と関係者への膨大なインタビューなどを通して明らかにしました。その結果、数多くの問題提起がなされましたが、そのひとつとして感情労働が対人サービス従事者の心理面へ及ぼす影響に言及し

ています。

この「感情労働」がわが国で紹介された当初は、対人サービスの代表的な職業である看護職・介護職などの現場で注目され、ストレスやバーンアウトとの関係性などさまざまな観点から研究が行われました。

その後、研究の対象がファストフード店員、コールセンターのオペレータ、旅館・ホテルの従業員、教員など、多様な対人サービス職にも広がり、さらに経済誌や情報誌などでも特集として取り上げられるなど一般のビジネスの現場でも関心がもたれるようになりました。

ホックシールド以降も感情労働に関する研究は、心理学、社会学などさまざまな研究領域で展開されています。心理面に関連する研究の一端は、第2章、第3章で触れます。

本章では、最初にホックシールドの提唱した感情労働論の基本的な概念と、ホックシールド以降の研究の一端に触れ、その中からホックシールドと見解の異なる論点を紹介します。

1．ホックシールドの感情労働論

(1)感情労働の定義

最初に身近な例題を通してホックシールドの提唱する「感情労働」の定義を紹介しましょう。次のような場面を想定してください。

周囲に誰もいない状況です。何十回もコールされているのに、他の重要かつ緊急な用事で手が離せず、やっとの思いで受話器を取ることができました。受話器を耳にあてた瞬間、相手から激しい怒鳴り声が聞こえてきました。
「遅い！　いつまで待たせるのだ！　何をやっているのだ‼」

あなたは相手の激しい怒鳴り声にどう反応しますか？　次の4つの中から選んでく

ださい。
①ムッとしてすぐに言い返す。
②怖くなり何も言えずに思わず受話器を置いてしまう。
③まずは自分の気持ちを落ち着かせる。
④すぐに謝り、相手の怒りが収まるよう言葉と礼を尽くす。
このケースの場合、電話のかかった先が自宅（プライベート）、会社（仕事）によってても回答が異なってくると思います。電話が自宅宛てであれば、①～④の選択肢すべてが回答される可能性があります。

一方、会社の顧客対応場面であるとしたら選択の余地はなく、多くの人が③プラス④を回答すると考えられます。それはなぜでしょうか。会社では顧客は利益をもたらす存在であり、対応者はたとえ嫌な気持ちにさせられたとしても、職務の一環として感情労働を行うことを雇用者から要求されているからです。この例では次のような感情労働が求められます。
・自然に生起する感情（①、②）を抑制し、
・相手が適切な精神状態（怒りを鎮め落ち着くなど）になるよう、努めて心を落ち着かせ（③）、

［図表2］感情労働のプロセス

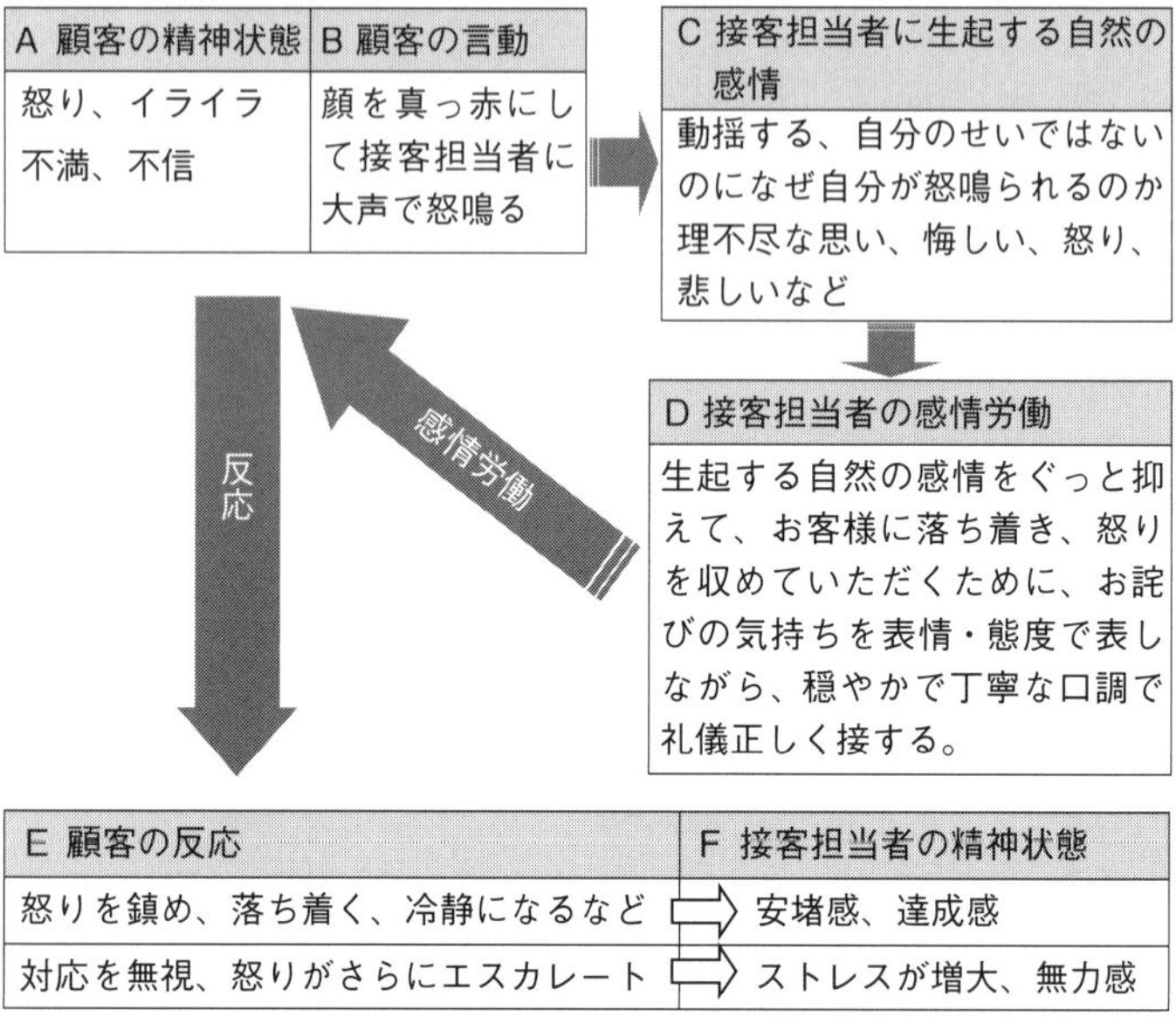
A 顧客の精神状態
怒り、イライラ
不満、不信
B 顧客の言動
顔を真っ赤にして接客担当者に大声で怒鳴る
C 接客担当者に生起する自然の感情
動揺する、自分のせいではないのになぜ自分が怒鳴られるのか理不尽な思い、悔しい、怒り、悲しいなど
D 接客担当者の感情労働
生起する自然の感情をぐっと抑えて、お客様に落ち着き、怒りを収めていただくために、お詫びの気持ちを表情・態度で表しながら、穏やかで丁寧な口調で礼儀正しく接する。
感情労働
反応
E 顧客の反応
怒りを鎮め、落ち着く、冷静になるなど
対応を無視、怒りがさらにエスカレート
F 接客担当者の精神状態
安堵感、達成感
ストレスが増大、無力感

筆者作成

・自らの声の表情、話し方をその状況に相応し、装いながら礼を尽くして対応する（④）。

この例を図表2に示しましたが、感情労働はこの中のDに該当します。

このように「自分の感情を誘発したり抑圧したりしながら、相手の中に適切な精神状態をつくり出すために、自分の外見を維持する労働」に対して、ホックシールドは「感情労働」と定義づけました。この定義は、その後のさまざまな研究でも多く引用される基本的な定義ですので、本書もこの定義に拠ることにします。

今回は怒っている相手に対する感情労働の例でしたが、これに限らず、患者が自らの病を治そうとする気持ちや生きようとする意欲を誘発するために、また、児童生徒のやる気を喚起するときなど、さまざまな対人サービスの場面で感情労働は行使されます。

(2) 感情規則と感情管理

ホックシールドは、感情労働論の概念として「感情規則」「感情管理」を挙げています。感情労働を行使する人は、自分が「自然に感じる」感情とは別に、その「職務にふさわしい感情」(感情規則)が、仕事場のマニュアルなどで定められているとしています。この「感情規則」にそって自分の感情をコントロールすることが「感情管理」です。感情労働者は職務の一部として感情規則にそって感情管理をすることを雇用者より求められ、これを遂行することが「感情労働」であるとしています。

その例として、ホックシールドは、アメリカのある航空会社の客室乗務員の職務を紹介しています。客室乗務員は、明るく親切で安全な場所で世話されているという感覚を乗客に抱いてもらえるよう、「笑顔と礼儀正しさ、やさしさ、思いやり」が職務の一部として求められ、自分の感情を「感情規則」にそってコントロールすることを求められています。

そのために研修では、「笑顔は客室乗務員の財産」と笑顔に価値があることを教えられ、それも単なる笑顔ではなく、心からくつろいだ旅を提供するための心からの笑顔であるとされます。そこで求められるのは、「乗客の中に好意と信頼の気持ちを誘発させること」であり、「心からの温かさが商品」として提供されることです。

もうひとつの例が、借金を取り立てる集金人です。顧客の自尊心を踏みにじってでも集金しなければならないという目的を職務として遂行するため、「高慢な態度で相手よりも優位に立つ」ことをあえて行います。彼らの感情は「感情規則」にそって「債務者は怠慢者で詐欺師なのだ」と自らに思い込ませるなど、ネガティブなコントロールが求められています。

この2つの例は、「異なった目的を持ち、かつ形の異なった身振りと感情労働のスタイルをもって行われる」という一見正反対に見える職務のようですが、ホックシールドは、どちらの職務も「適切な感情をどのように産みだし、それを維持させていくか」という点で共通していると説明しています。

(3)感情管理の技術・方法

「表層演技」「深層演技」[3]

では、どのような方法で感情をコントロールするのでしょうか。ホックシールドは舞台上の演技法のひとつである「表層演技」と「深層演技」を援用して、感情管理の技術・方法ついて説明しています。

「表層演技」とは、本来の自分自身の感情とは異なっても、表面上は「感情規則」にそってボディランゲージやつくり笑いなどを使い、自分の外見を変えようとする方法です。自分が感じていることを隠したり、感じてもいないことを感じている「ふり」をすることにより、他者には自分が本当に感じていることをごまかしていますが、自分自身はごまかしてはいません。たとえば、次のようなケースです。

お客様のタイプに合わせ、お客様が心地よく感じて頂けるよう〝演技〟することもあります。これも仕事の一環と割り切ってやっています。(家電量販店販売員)

3. ホックシールド　邦訳（2000）pp.39-44

[図表3] 表層演技・深層演技

感情管理技術・方法	外見と感情
表層演技	外見のみ変える 本当の感情はそのまま 他者は欺くが、自分は欺いていない
深層演技	外見を変える 本当の感情も変える 他者を欺くと同時に自分も欺いている

一方、「深層演技」は表面的にそうした「ふり」をするのではなく、心からそう思うように自分の心に働きかけ、本来の自分の感情を変えていく方法です。たとえば、次のようなケースです。

辛いときでも笑うのは、パークにいる自分が笑ってなければ仕方ないだろうと思い、(自分に)言い聞かせることもあります。そのうちに、自然に本当に笑えようになってきます。(テーマパーク従業員)

では、感情管理の技術・方法である表層演技・深層演技は、実際の対人サービスの現場ではどのように行われているのでしょうか。ホックシールドは、ある航空会社で行われた研修会の中で、研修生から発せられた「乗客に対する怒りや憤りの気持ちをどう鎮めたのか」という問いに対する中堅客室乗務員の回答を紹介しています。

「私は、もし彼が飲みすぎているとしたら、たぶん飛ぶのが怖いのだろうと思うように努めます。『この人は子供みたいだ』と考えるのです。実際、それが彼の姿なのです。だからそのような目で見れば彼が私に向ってどなっていても、腹は立ちません。そのときの彼は私に向ってわめいている子供のようなものなのです」[4]（深層演技）、「ほんとうに元気なふりをすれば、実際そういうふうになれることもあります。乗客は私が親切な人であるかのように私に応対し、そうなると私はもっと親切に応対し返します」[5]（表層演技）。

(4)感情労働の３つの特徴

感情労働が求められる職業にはどのような特徴があるのでしょうか。ホックシールドは、次の３つの特徴を共通に備えている職業であると述べています[6]。

①対面あるいは声による顧客との接触が不可欠である。

②労働者は、他人の中に何らかの感情変化（感謝の念や恐怖心など）を起こさなければならない。

4. ホックシールド　邦訳（2000）p.63
5. ホックシールド　前掲書 p.62
6. ホックシールド　前掲書 p.170

③雇用者は、研修や管理体制を通じて労働者の感情活動をある程度支配する。

これらの特徴に関連して、ホックシールドの提唱する感情労働論を理解するうえで留意する点が3つあります。

ひとつ目は、「感情労働」の範囲です（図表4－B）。

ホックシールドは、対人サービス従事者が相手より理不尽な対応をされ、感情を傷つけられ、不快な思いや悩みを抱くことがあっても、それ自体は「感情労働」とは言えないと主張します。なぜなら感情労働は、図表4－Bにあるように、自分の中から自然に湧き起こる気持ち（悔しい、悲しいなど）を抑えて、そのうえで相手に何らかの感情変化（冷静になる、信頼するなど）を起こすところまで求められているからです。

さらに感情労働は本質的に、顧客の中に一定の精神的反応を誘導するために顧客の前で演技する感情的努力をさすものであり、弘前大学の鈴木和雄教授はこの点について「相手の中に適切な精神状態をつくり出す必要がないものは感情労働に属さない」[7]と明確に区別して説明しています。

2つ目は、感情労働と感情的負担との違いです。

ホックシールドは、感情労働を伴う職業と単に感情的負担を伴うだけの職業との違いを次のような例を挙げて説明しています。

---

7. 鈴木和雄（2006）p.17

［図表４］感情労働の三要素

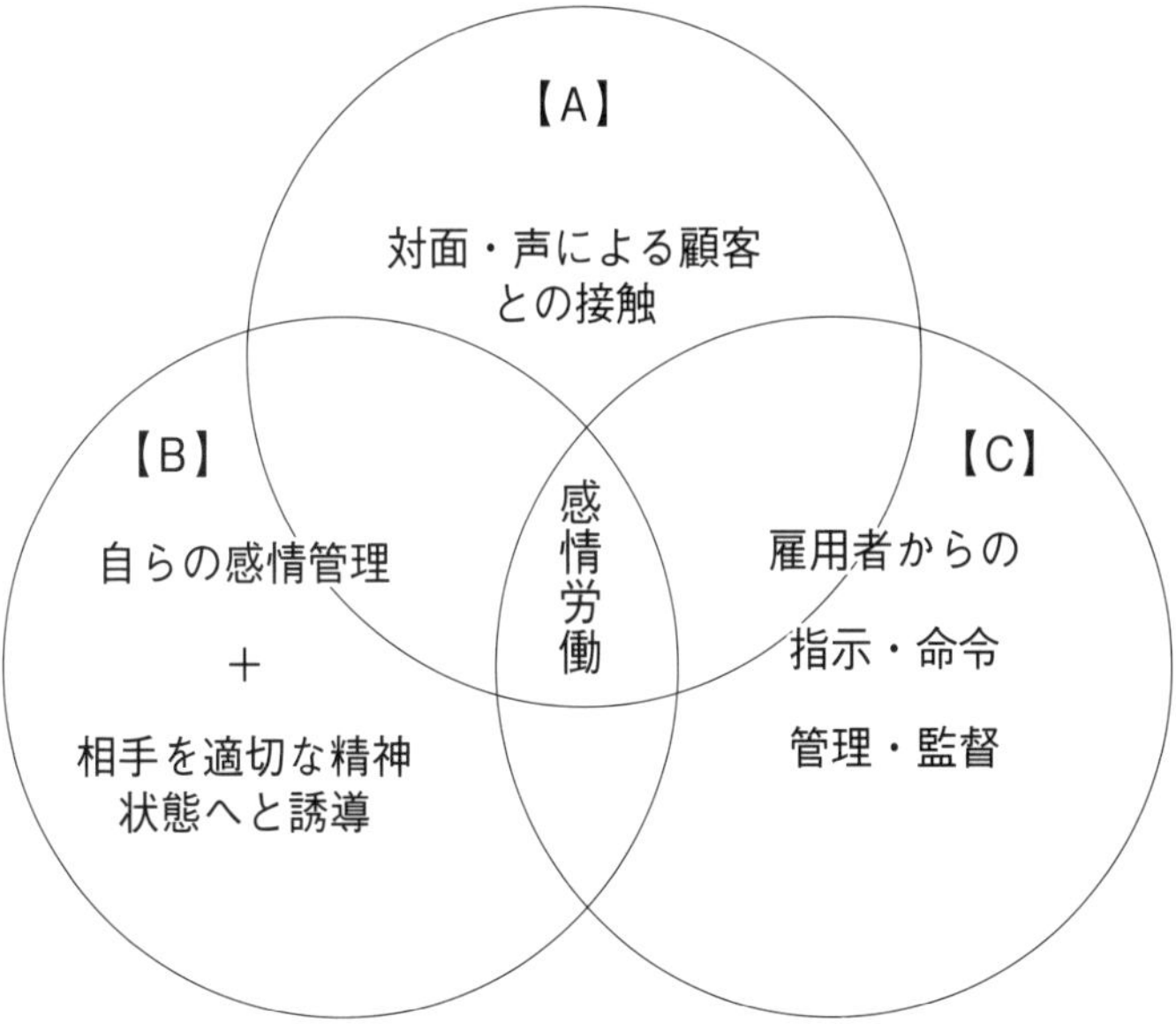

筆者作成

「非常に高いビルの足場で工事を行う人は、高さから生じる恐怖やストレスを感じたとしても、それは単に個人としての感情的負担であり、感情労働のように、個人の人格を投入する必要がなく、感情が職業上の拘束を受ける状況でもない」[8]

相手の中に適切な精神状態をつくり出すための努力を伴う感情労働とは明らかに異なるものと区別しています。

３つ目は、感情労働の遂行主体は誰なのか、という点です（図表４－Ｃ）。

感情労働は、職務として顧客に一定の反応を引き起こすことを雇用者（経営者、管理者など）により命じられています。すなわち、鈴木教授が指摘するように「感情労働の遂行主体は顧客サービスに従事する賃金労働者である」[9]ということです。感情労働者に該当するか否かは、雇用者の統制・支配下にあるか否かによります。そこで、ホックシールドは、開業している医師や弁護士などの専門職は、感情労働を直接的に統制・支配する監視者がいないため、本来の感情労働者には該当しないと主張します。なぜなら、このような職業に従事する者は、職務規範や顧客からの期待によって感情を自己管理することはあっても、経営者、管理者によって命じられることがないからです。「自分も取引先、部下に感情労働を行っている」と言う経営者がいますが、ホックシールドが示す３つの特徴からすると、感情労働の条件を満たしていない

8. ホックシールド　前掲書 p.178
9. 鈴木和雄（2006）p.17

い、ということになります。本書も基本的にこのホックシールドの主張に準じています。

(5)感情労働の特性

最後に、感情労働の３つの特性を確認します。

①情緒的エネルギー・心のエネルギーを大量に消費する。

②顧客などの相手と感情労働を行使する者の間は互酬関係ではない。相手から感謝の言葉が返ってくることもあるが、感情労働者がどんなに心を尽くして感情労働を行っても、相手は原則としてそれに応える義務はない。

③不可視性が高く、精神的に消耗・疲弊しても周囲に気づかれにくく、また評価の対象と認識されにくい。

この３つは感情労働への具体的方策（第５章）を検討する際の留意点になります。

2. 感情労働論を巡るさまざまな議論

ホックシールドの著書『管理される心』以降、心理学、社会学、感情社会学などさまざまな学問領域で感情労働に関する調査・研究が行われ、成果が蓄積されてきました。この間、感情労働に関する、

①定義・概念
②評価・報酬
③心理的影響・負荷

など多くの争点をめぐり、研究者の間で活発な議論が展開されました。ここでは、本書のテーマにも深く関係する③の、感情労働に因る心理的影響・負荷に関する議論を紹介します。なお、①の定義・概念に関しては、既述した「感情労働の遂行主体は誰か」を巡る議論もそのひとつです。②は、主に社会学の視点からの不可視性の高い感情労働への評価・報酬[10]の議論であり、第3章で少し触れたいと思います。③の感情労働がもたらす心理的な負荷・影響に関しては大きな争点でもあり、心理学などを中

10. たとえば西川真規子（2006）、木下武男（2005）などの研究がある。

心として研究者によって見解に大きな相違が生じています。

研究の争点は、ホックシールドが主張する感情労働者に過度の精神的疲弊などを生じさせるという否定的影響を強調する疎外論に対し、むしろ感情労働は労働者に楽しさ、喜び、新鮮で刺激的な経験、感情的開放感を生むという肯定論からの反論です。

たとえば、スーパーマーケットのレジ店員を調査したトリック[11]は、感情労働をお店の管理者、経営者によって要求されていることを自覚しつつも、店員が自らの感情管理について自律的であることを理解しており、単調な荷下ろしなどの仕事に比べ、むしろ顧客への感情労働を楽しんでいることを主張しています。

ウーターズ[12]は、ホックシールドと同じく航空会社の客室乗務員の調査を通じて、客室乗務員は会社に感情管理を操作されていることを自覚しており、そのうえで、感情労働でもある程度自由に感情管理を行い、その中で顧客の満足度、職務への肯定感を高めていることを指摘しています。

さらに、ホックシールドが言う感情労働の負担の原因は、演技すること自体にある、という主張に対しても、ウーターズは、感情労働者は職務中の演技と本当の自己を常に区別しており、肯定的になるか否定的な帰結になるかは、演技すること自体ではなく、「演技能力、感情利用能力、動機づけ」の点で演技が成功するか否かによる

11. Tolich（1993）pp.361-381
12. Wouters（1989）pp.95-123

と反論しています[13]。

この争点をめぐって研究が継続的に行われてきましたが、その結果はさまざまです。この点に関し、目白大学大学院の須賀知美氏ら[14]は感情労働がもたらす心理的影響（職務満足感・バーンアウト）に関するこれまでの研究を概観したうえで、「研究者により調査の対象とする職業や測定方法、アプローチなどがさまざまであることが、一貫した結果が得られない理由のひとつである」と指摘しています。

さらに、感情労働がもたらす影響について、「一致した結果が得られていないということは、否定的影響だけでなく、肯定的影響をもたらす可能性があることを示唆するもの」としています。

実際、ヒアリング調査でも対人サービス従事者の中には、過度の感情労働の行使により精神的に疲弊し、休職に至ったという例がある一方で、顧客が喜び満足することにより達成感・充実感を得る、という回答も少なくありませんでした。さらに所属する職場にもプラスの波及効果をもたらし、活性化につながるという指摘が複数の管理職から聴かれました。

否定的影響をおよぼすか、肯定的影響を与えるかは、自律性の担保など、労働条件やパーソナリティが関係するという研究もあります。ホワートン[15]は銀行員を対象と

13. 鈴木和夫（2006）p.19
14. 須賀知美・庄司正実（2008）pp.137-153
15. Wharton（1993）pp.205-232

したアンケート調査から、高い自律性を持つ職務に積極的に参加する感情労働者は高レベルの職務満足を得る一方で、低い自律性を持つ職務の場合は感情的消耗のリスクが高いと指摘しました。

確かにウーターズの研究を鑑みると、感情労働の行使の際にある程度の自由さ（自律性、一定の裁量）、演技の自覚・演技能力、感情労働者自身の属性（パーソナリティ、資質、能力、経験など）、相手との関係・相性などが心理的影響に関係しているものと思われます。

さらに、感情労働者を取り巻く環境（上司・同僚などの関係、職場環境、職務条件）なども研究では心理的影響を測定する指数として取り上げられています。これらは否定的影響を軽減し、肯定的影響を増大させるための具体的方策を考えるうえで重要な視点でもあり、改めて第5章で検討します。

第2章
対人サービスの現場を探る

［図表５］ ３つの労働

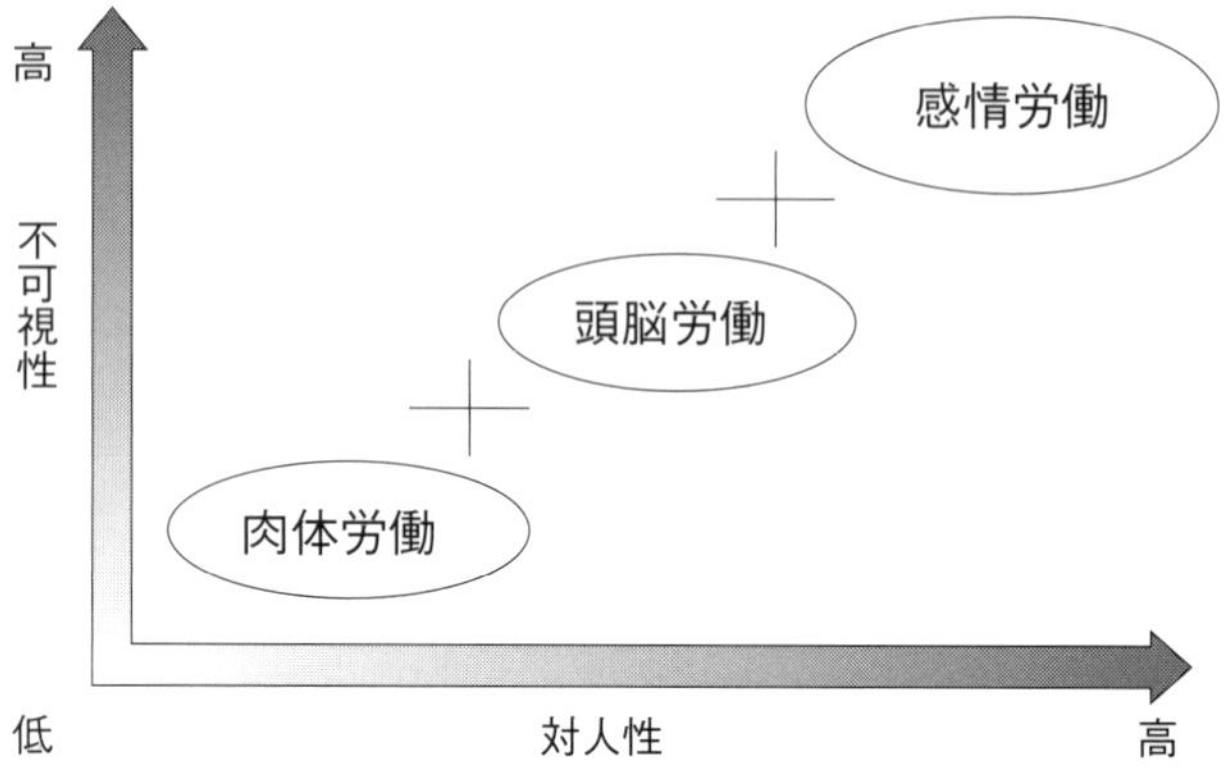

筆者作成

感情労働は、ホテル・旅館、百貨店などの接客、病院、介護施設などの看護やケアのいわゆる対人サービスの現場に限られたことと考えている人が少なくないと思います。

しかし、業種や職種がこれらの現場と異なっているとしても、何らかの感情労働が行われている業種や職種は、意外に多いものです。そこで、視点を変えて、改めてご自身の職務内容を、肉体労働、頭脳労働、感情労働という3つの分類でとらえ直してみましょう。

職務に占める3つの労働の割合はおのおのどのくらいですか。占める割合に差異があるにしても、意識せずに感情労働を行っていることに気づかれる人もいるのではないでしょうか。

たとえば、アパレル販売員の職務を考えてみましょう。開店前に店内を清掃し、商品をお客様の興味を引くように展示作業をします。お客様を待たせないように素早くバックヤードに在庫を確認しに行き（肉体労働）、お客様の質問の真意をくみ取り、わかりやすく納得性のある説明をします（頭脳労働）。お客様に気分よく快適に買い物いただくように、好感を与える外見を保ち感情面も整えています。クレームのときには、顧客の怒りを鎮め落ち着いていただけるように、自分自身の本来の感情を抑制して対応します（感情労働）。

このように、比率の差はありますが、職務の中に３つの労働が混在することが確認できます。

特に最近では、本来の業種を「サービス業」の観点からとらえ直す企業が増えたため、今まで見えなかった顧客ニーズに気づき、個々の顧客にきめ細かく対応するサービスが創出されています。感情労働を効果的に行使しなければならない現場が、運輸、建設、電気通信関係など、業種・職種を超えて拡がっているのが現状です。

1. 管理者の目に触れにくい「感情労働」

先に述べた対人サービスの現場では、職務の内容により多少の差があるものの、日常的に感情労働が行われています。

では、この「感情労働」について、対人サービスの現場で働く当事者および上司、管理者にどのくらい認知されているのでしょうか。

筆者らが2008年に行ったさまざまな業種・職種の対人サービスの現場で働く人を対象とした感情労働に関するヒアリング調査[16]では、「感情労働」という言葉について「聞いたことがある」（2人）、「意味・内容も知っている」（1人）、「実際に感情労働から生じる課題に組織として対応している」（0人）、という結果でした。もっとも感情労働について、その内容を説明した後には、言葉は知らなかったが実際には対人サービスの現場では、ほぼ全員が「感情労働」を行っており、そこから生じる精神的な疲弊などに対しては、当事者それぞれが個人的に工夫や努力をしながら対処しているという回答でした。

16. ヒアリング調査（2008年実施）【対象】対人サービス従事者（18人）総合病院（受付、看護師長、医師他）、テーマパーク（スーパーバイザー）、小学校（副校長、教諭）、百貨店化粧品小売（美容アドバイザー）、航空会社（CA）、私鉄（車掌）、介護施設（指導員）、レストラン（フロア／調理スタッフ）、タクシー会社（女性乗務員）など。

２００９年以降も継続して行っているヒアリング調査によると、認知度は若干、上昇傾向にあります。ただし、組織的支援の取り組みに関しては大きな進展は見られませんでした。

２０１７年1月に対人サービスの現場で働く人を対象に行ったＷＥＢ調査[17]では、「感情労働」という言葉を聞いたことがある人は全体の５％、言葉も意味も知っている人は同じく2％でした。この２％の人が感情労働の言葉、意味を知った媒体は本・雑誌、新聞、インターネットであり、所属する組織から情報を得た人はいませんでした。

感情労働が行われる仕事現場は、接客、電話対応、臨床、営業など、相手（顧客、患者など）と接触する最前線であり、管理者の目に直接触れないことが多く、また瞬時に行われることもあり、周囲に気づかれにくいという特性があります。この不可視性が高いという特性が、感情労働に対する認知がこの調査結果のように高くならない理由のひとつと言えるかもしれません。

ただし、たとえば「セクシャル・ハラスメント」という言葉とその意味が社会の人々に周知された結果、具体的な対策が立てられるようになった経緯をみていくと、「感情労働」に関しても、労使が共にその意味と内容を認識する必要があります。そ

17.「対人サービスの実態」アンケート調査（2017年１月実施）【対象】対人サービス従事者　20代～60代　500人（男性250人、女性250人）会社員（一般社員、管理者、役員、経営者）、公務員・団体職員、派遣・契約社員【業種】医療・福祉、卸売・小売、サービス、製造、金融・保険、教育・学習支援、建設、不動産・物品賃貸、情報通信、宿泊・飲食サービスなど／リサーチ会社による WEB 調査。

のうえで、それぞれの現場に則した有効な対応策を検討・実施することが肝要です。

そのためにも、次に紹介するさまざまな感情労働現場の実態を知ることは、自らの職場・組織の感情労働マネジメントを検討するうえで、大いに役立つものと考えます。

2. 職務内容からみる感情労働の4分類

ホックシールドは、その著書『管理される心』の中で、航空機の客室乗務員と集金人という、あえて対極にある2つの職業を代表的な感情労働の事例として取り上げています。その意図は、両極の間にはさまざまな職業があり、職務・状況により要求される感情労働が多様であることを示すためです。確かに感情労働の現場は一様ではありません。たとえば病院での外来勤務、緩和ケア病棟の担当など、同じ看護師という職業であっても、どこの部署に所属するかにより要求される感情労働は異なってきます。

このように、感情労働の現場は多様であり、要求される感情労働も異なりますが、ホックシールドは著書の中で感情労働には質的に異なるタイプがあることを、販売員、ソーシャルワーカーの例を通して示唆しています。たとえば販売員やファストフードの店員は不特定多数の顧客に対応しますが、リピーターは別として、一般的にはその場限りの単発で一時的なものです。一方、ソーシャルワーカーや教員などは特定の相手と中長期にわたり関係が維持、継続されていきます。

このように、1.相手の特定性、2.関わり時間という2つの観点から、感情労働には質的に異なるタイプがあることを提示しています。

[不特定で単発・一時的]な相手（顧客など）の場合、ファストフード店員のように職業によってはマニュアル通り、表層演技（つくり笑いなど）で対応することも可能ですが、[特定で中長期的]に関わる相手の場合には、このような対応は信頼関係の構築を阻害するなど、むしろ弊害となることがあります。

そこで、この2つの観点を軸に多様な感情労働現場を、

(1)不特定――一時的・対面
(2)不特定――一時的・非対面
(3)特定――中長期・対面
(4)特定――中長期・非対面

の4つにグループ分けをし、それぞれの感情労働の現場を紹介します。対人サービスの現場は、業種・職種の特性により求められる感情労働のタイプや知識・技能などが自ずと異なってきます。ここでは、代表的な職務の特徴と求められる感情労働を見ていきます。

［図表６］職務特性による４分類

<table>
<tr><th>分類</th><th>相手の特定性</th><th>関わり時間</th><th>対面／非対面</th><th>具体的な職業例</th><th>◯求められる主なスキル・知識
◇感情管理技術・方法</th></tr>
<tr><td>1</td><td>不特定</td><td>単発・一時的</td><td>対面</td><td>ホテル・旅館のフロント及び客室担当者、鉄道駅員、航空客室乗務員、百貨店・小売店の販売員、ファストフード店員、テーマパーク従業員、市役所職員（窓口）、集金人など</td><td rowspan="2">◯コミュニケーション・スキル、ソーシャル・スキル、マニュアル、一般的知識
◇表層演技</td></tr>
<tr><td>2</td><td>不特定</td><td>単発・一時的</td><td>非対面</td><td>非対面＝コールセンターのオペレータ、相談センターの相談員など</td></tr>
<tr><td>3</td><td>特定</td><td>中・長期</td><td>対面</td><td>教員、医師、看護師、介護施設職員、カウンセラー、営業業務従事者など</td><td rowspan="2">◯コミュニケーション・スキル、ソーシャル・スキル、専門的知識・技能
◇表層演技・深層演技</td></tr>
<tr><td>4</td><td>特定</td><td>中・長期</td><td>非対面</td><td>電話カウンセラー、電話コーチングのコーチなど</td></tr>
</table>

筆者作成

(1)〔不特定——一時的・対面〕グループ

該当職業

ホテル・旅館のフロントや客室担当者、鉄道駅員、航空客室乗務員、百貨店・小売店の販売員、テーマパークの従業員（いわゆるキャスト）、集金人などです。ホックシールドが「瞬間的で大げさな親切心の表出[18]を、日に何度となく繰り返さなければならない」と若干強調的に述べているように、第一印象で相手（顧客など）が親しみや好感、安心感を抱くように、笑顔や穏やかな表情など、外見を維持する努力と相手の状況に即応する気配りなどが頻回に求められます。

【代表例】

①旅館（接客担当係）

ｉ職務の特徴

顧客の多くはくつろぎ、癒し、親睦などを目的として来館します。したがって、滞在期間を快適に過ごしていただくために、その状況に適したサービスと気配りあるきめ細やかなホスピタリティが求められます。

ⅱ感情労働の特徴

---

18. ホックシールド　邦訳（2000）p.173

一方、集金人の場合は、相手に恐怖心を抱かせるために、あえて強面を演じる。p.160

顧客に信頼感、安心感を抱いてもらうため、穏やかな表情や温かい笑顔で歓待します。担当する顧客に接しながら全身でニーズ、ウォンツを敏感に察知し、顧客の気持ちにそうように的確かつ迅速に対応します。

マンツーマンで対応するため、対人サービス従事者の資質、経験、能力などと顧客との相性により、感謝の言葉や肯定的な評価を得ることもあれば、クレームなど否定的反応を受けることもあります。

地道に経験を積み重ねながら、お客様をよく観察してご要望を見極める勘所をつかんでいくことが大事です。お客様と笑顔で接しながら、何を欲しているかを敏感に感じ取り、実行に移すことが、最大のおもてなしです。（旅館　女将）

---

②ホテル（コンシェルジュ）

i 職務の特徴

道義・法律に反しない限り、基本的には「Ｎｏ」と言わずに顧客の要望・意向に応えます。個別具体的な究極のパーソナル・サービスとなり、無定量・無定限労働になりやすい傾向があります。緊急かつ細心の配慮を要する業務が多く、常時、緊張感があります。

海外顧客からのメールによるリクエストにも時差を意識しつつ、迅速かつ的確に対応しなければならない場合もあります。最新の正確かつ豊富な幅広い知識、語学はもとより柔軟性のある高度な応対スキルが求められます。

所属する組織の方針にもよりますが、目の前にいる顧客のニーズに瞬時に対応するため、コンシェルジュには一定の裁量が付与されています。ただし、顧客の満足度が直ちに自らの評価にはね返り、責任と精神的負担も少なくありません。

ⅱ感情労働の特徴

気軽に声をかけてもらえるような雰囲気づくり、親身に対応する誠実さが求められ、あたかもパーソナルセクレタリーのように、専門知識の他に人間心理などへの理解・洞察力、知識、幅広い教養などが求められます。顧客からの要望が困難かつ時間的制約がある場合でも、余裕のある表情・スマートな態度など外見のコントロールと共に、感情（焦り、とまどいなど）の抑制などが日常的に求められています。

この点に関し、現役のコンシェルジュである阿部佳氏は次のように著書[19]に記しています。

19. 阿部佳（2001）p.74

「常に模範的でプロらしい態度をとることが求められています。プロらしさとは、お客様へのサービスに個人的感情を持ち込まないことです。（中略）お客様はホテルという劇場に来て、コンシェルジュという役を演じている私に接するのです。ですから、お客様の期待を裏切ることがないように、自分の感情をコントロールして、観客へのサービスを第一に考える。いい役者とは、観客が本気でそう思えるように役になりきれる人。完璧に演じきることがプロのコンシェルジュにも求められるのです」

③航空　客室乗務員

ⅰ職務の特徴

お客様とはフライトという限られた空間の中で、快適にくつろいで過ごしていただけるようにおもてなしの心を持って接客します。第一印象から好感を持ってもらうために、常に笑顔とスマートな立ち居振舞いを保ち、顧客の要望には的確かつ迅速に対応することが求められています。お辞儀を頻回に行うため、頸《くび》を痛める人も少なくないと言います。社内研修では、「笑顔を作る訓練を行っており、研ぎ澄まされた精神力を養って、背中を見てお客様の要望を読み取れという教育」が行われています。

ii感情労働の特徴

大型機の場合、短時間に大人数の乗客に接することが多く、どちらかというと表層演技（つくり笑いなど）を行う場面が多くなります。新人の中には、「常に明るくしていなくてはいけない」というプレッシャーを感じ、精神面で不調を訴える人もいると言います。

④鉄道駅員

i職務の特徴

安全かつダイヤ通りの正確な運行が、職務として最優先に求められます。昨今、増加している乗客同士の揉め事への仲裁、体の不自由な方への対応、人身事故など不測の事態への対処もあります。駅員への暴力行為も少なくありません。

ii感情労働の特徴

絶えず不特定多数の人目に晒されており、振る舞いや態度が悪いとクレームや投書が来ることがあります。事故や遅延などもクレームの原因です。クレームを受けた際は、「『お客様が言っていることは正しい』という表情を作り、自分の感情を抑制し、落ちついた態度で対応することを心掛けています。でも、心の中では逆です。心の中の感情を抑えていないことには顔に出てしまい、また次のクレームに発展します」（私鉄車掌）という表層演技を駆使しているとの現場の声もあります。

⑤市役所窓口

ⅰ職務の特徴

法律に基づいて公平公正に相手（市民など）に対応することが求められます。複数の市役所へのヒアリング調査によると、ここ10数年でクレーム、理不尽な要求などは増加傾向にあるということです。

ⅱ感情労働の特徴

市民のためにサービスをするのは当然と権利意識を振りかざす市民が増加傾向にあるようです。こうした状況の中、公務員は市民への奉仕者であると同時に、法規に基づいた公正な取り扱いと冷静な態度が求められます。

「常軌を逸した要求や激しいクレームを繰り返し言ってくる市民への対応で精神的に過度に疲弊して、心のバランスを崩し、休職している同僚がいます」（市役所職員）

(2)〔不特定――一時的・非対面〕グループ

該当職業

コールセンター、カスタマーセンターなどのオペレータ、電話相談室員などが該当します。非対面でもあり、傾聴や的確なフィードバックを駆使し、相手の要望、相談趣旨などを正確に把握し対応するスキルが求められます。

【代表例】

コールセンター　オペレータ

ⅰ職務の特徴

ここでは、インバウンド（顧客からの電話を受ける）を中心にみていきます。単発かつ多様な内容の電話が多く、相手の表情を見て判断することができない分、声を通してのやり取りが主となります。1件の応対に時間的制約がある中で、口頭という限られた伝達手段での受け応えには、相手の要望や要点を的確に聞き取る傾聴スキル、迅速・適切に応じる対応（説明）スキルなどの、コミュニケーション・スキル、ソーシャル・スキルが特に求められます。

応対中にさまざまな機器の操作や資料検索なども同時に行うこともあり、慣れるまでプレッシャーを感じる人もいます。大半のオペレータの雇用形態はパート、アルバイトなどの非正規です。

ⅱ感情労働の特徴

顧客のニーズ、状況に合わせた個別かつ「きめ細やかな親身な対応」を行うなど、顧客の心に満足感・信頼感を与えることが求められます。相手の「要領を得ない質問や低い理解力」「長い接続待機時間による一方的な怒りや攻撃」などを受け止め、顧客の感情を害さないように、自らの心に生起するとまどい・苛立ち・怒り・悔しさなどの感情を抑えて、我慢することがあります。

インバウンドの場合、一定数のクレームを受けることもあります。対面に比べ、双方の表情が見えない分、相手は遠慮がなくなって大胆になり、語気強く、より攻撃性が高まる場合もあります。顧客の心をなだめながら落ち着かせるなど穏やかに温かく対応し、相手の感情を適切な状態に変化させる努力が求められます。そのための精神的負担や疲弊は少なくありません。

また、「確かにもっともな意見だと思える」お客様の要望に対し、組織の方針として応じられずに相手を説得することもあり、役割上の対応と自らの本心との葛藤を抑制することがあります。

(3)〔特定――中長期・対面〕グループ

該当職業

小中学校の教員、看護師、取引先担当営業員などです。高度な専門的知識・技能を要することが多く、教員や看護師などは本人以外にも家族など、周辺の人との関わりが生じることもあります。職務の目的・目標とする教育・成長、治療・治癒、顧客との良好な取引関係の保持などに向けて、その前提となる感情労働の行使による相手との信頼・信任関係の構築が非常に重要になります。

【代表例】

①病院医師

i 職務の特徴

健康の維持・快復という目的のために辛い・痛い・苦しい思いをして、そのうえお金を払うのが病院の特殊性です。インフォームド・コンセントが重要視される時代でもあり、患者との信頼関係を築くためにも、高度な医療技術はもちろんのこと、「親身な対応」「わかりやすく、納得できる説明」などのヒューマン・スキルが従来以上に求められています。

実際、昨今の医療側と患者の関係性はどちらかというと、「医療側∨患者」から「患者≧医療側」という傾向がみられます。医師からも「医師と患者は対等でなければならないと思います。昔は医療側が高飛車でしたが、今は逆になりました。患者さんの方が偉くなってしまうケースもあります」という声が聞かれます。昨今は、救急扱いに該当しないにもかかわらず、コンビニのような感覚で自分の都合にあわせて夜中に病院に来る人もいるようです。

ii 感情労働の特徴

患者と良好な関係を構築するためにも、自分自身の感情を抑えて患者が安心感、信頼感を抱くように努めなければなりません。ある医師は、医療は「治療プラス感情労働」であると、部下の医師に次のように指導しています。

> 治療の中で上手くいかないことはあります。そんなときどうしても主治医は、患者のところに行きたくないのです。行くと文句を言われますから。僕はそのとき『逆に一日3回行きなさい。患者さんと話し、体に触り、話を聞くことによって、患者さんのストレスや欲求不満が取れるのです』と言います。そうしなければその医者は育たないので、必ず、『嫌であればあるほど、頻繁に行きなさい』と言います。重症のときには、余計に手をかける。そうすることで家族にも理解してもらえる。医療というのは感情で動くところがあって、そこは治療だけではない大事な点です。トラブルを防ぐには、トラブルがあった患者さんには頻回に診察に行くということが鉄則です。（総合病院医師管理職）

②小学校　教諭

i 職務の特徴

学力をつける、友達や周囲の人との円滑なコミュニケーションがとれる、集団活動でルールやチームワークを学び、仲間意識を醸成させるなど、家庭、社会との連携を持ちながら、学校の役割である児童への教育・育成を行います。このような本来の職務のほかに、さまざまな事務処理、対外的な役割、研修会への参加など、多忙な先生も少なくありません。

昨今の保護者や地域住民の意識の変化を指摘する次のような学校現場からの声もあります。

・20年程前から親が変わってきている。教員が言ってもそれを受け止める親は少ない。
・お母さんはほとんどが働いている。親は忙しく余裕がないので、一概に親を責められない。
・子供は放ったまま。給食費を払わずに、そのお金で遊びに行ってしまう親もいる。
・子供との関わりが薄くなっている。家の中で会話がされていない。

・「うちの子がこんなことをしたので、朝会で皆の前で発表して表彰してください」などと親が要求してくるが、やらざるを得ない。サービス業だと思うようにしている。

・近所からいろいろな苦情が来る。たとえば、学校の耐震工事の騒音への苦情や学校の枯葉がマンションの敷地内に落ちているので掃きに来てくださいなど、管理人代わりに扱われる。

ii感情労働の特徴

児童に対する感情労働としては、クラス運営を円滑にする手段として、あえて「表層演技」で厳しい表情・態度をすることもあります。子供たちからの不満の声などに対しても、自らの感情を抑え、穏やかな表情と寛容な態度（表層演技）で対応し、クラスの状態を落ち着かせることもあります。

増加傾向にあるという保護者、地域からの常軌を逸した要望やクレームなどに対し、感情労働を行使する場面が少なくありません。

③知的障害者授産施設　職業指導員

i職務の特徴

同施設は「18歳以上の知的障害者であって、雇用されることが困難なものを入所または通所させて、自活に必要な訓練を行うとともに、職業を与えて自活させる施設」[20]と定義されています。職業指導員は、利用者に対して知識を教え、技能を指導するなど就労に必要な能力を高め職業訓練を行っています。

ii感情労働の特徴

一人ひとりの利用者の個性、体調、精神状態に応じた、きめ細かい対応をするために感情労働が求められます。ここでは、「表層演技」は基本的には通用しません。指導員は次のように感情労働を行っています。

施設内のオペレーションを効果的にするため、手段としてあえて〝こわもて〟の役割を演じることがあります。利用者はいろいろなことをやってしまうのですが、皆プライドがあり、すごく純粋で敏感です。演技だけでは通用しないのです。本音レベルでの信頼関係を作り上げることが大切です。この人がきらいだ、信頼できないと思ったら、言うことを聞いてくれません。よく見ているので、気を抜けないのです。

ここはサービス業なのです。利用していただいているという気持ちを持っていかねばと思います。他の施設との競争もあるし……利用者に満足感を抱いていた

---

20. 知的障害者授産施設の定義　出所：厚生労働省 HP　http://www.mhlw.go.jp/toukei/saikin/hw/fukushi/09/dl/yougo.pdf

だくよう相手の気持ち、状況にそった対応が欠かせません。（知的障害者授産施設職業指導員）

(4)〔特定——中長期・非対面〕グループ

該当職業

電話カウンセラー、電話コーチングなどが該当します。

【代表例】

電話カウンセラー

i 職務の特徴

電話カウンセリングの大半は心理カウンセリングであり、カウンセラーは、対面ではなく電話を通してカウンセリングを行います。また、相談者の悩みに寄り添い、その話をじっくりと聞いて（傾聴）、クライエントが最適な対処を自ら見つけ出すことを援助します。クライエントが自らに向き合い、その作業を通じて新しい理解や洞察に、自発的にたどり着くようにサポートすることが仕事となります。

ii 感情労働の特徴

カウンセリングは通常、対面で行うので、カウンセラーはクライエントの言葉だけでなく、表情や動作などその態度を見ながら読み取っていくことができます。クライエントにとっても同様で、カウンセラーの表情や態度を見ながら話を聴けるので、安心感や信頼感を得ることが比較的容易です。

一方、電話カウンセラーは、表情や態度を見ることができません。いわば「声の表情」を読み取ってクライエントの真意に近づくことが求められます。クライエントに対して正確に真意は伝わったか、きちんと理解されたか、誤解はないかなど、より一層の気遣いが必要になります。それだけに、一般のカウンセラーより感情労働の負担が重くなりがちです。

もうひとつの問題が、電話という手段によるため、中断が容易で成果を見届けにくい点です。結果の不透明さや曖昧さが、ときとして、感情労働の肯定感を持ちにくくさせます。

それだけに、チームメンバーや研修仲間からの共感、助言、励まし、慰めなどが感情労働の負担軽減につながります。

第3章

「感情労働」が心にもたらす影響(1)

——肯定的側面

本章では対人サービス従事者への肯定的影響について述べていきます。

第2章で既述したように、肯定的影響を主張する論者の1人であるウーターズは、客室乗務員を対象とした調査結果から、対人サービス従事者の多くが自ら進んで感情管理を行い、そこから職務としての楽しさ、喜び、新鮮な刺激などを誘引していることに着目し、感情労働にはホックシールドの主張とは異なる肯定的な側面があることを強調しました。

実際、ヒアリング調査の中でも感情労働を肯定的にとらえている回答も少なくありませんでした。

なお、肯定論の中には、職務目的の効果的達成に向けて、戦略的視点で感情労働をとらえようとする見解もありますが、本章では主に心理面への肯定的影響を中心に検討していきます。

1．ポジティブな影響をもたらす5つのキーワード

では、なぜ感情労働は肯定的影響をもたらすのでしょうか。対人サービスの現場における感情労働従事者の実態と肯定的影響との関連を、⑴「笑顔」、⑵「一定の裁量性」、⑶「評価」、⑷「自己承認」、⑸「有能感」の５つのキーワードから考えていきます。

⑴「笑顔」

感情労働を行使することにより、対応している相手（顧客など）から「笑顔」という反応を「直接」受け取ることができます。これはモノづくりの現場とは異なる点で、対人サービスならでの特徴です。相手から直に喜びや感謝の笑顔を返されたとき、たとえ最初は「演技」で対応していたとしても、対人サービス従事者の心には喜びや嬉しさなど、肯定的感情が湧き起こることがあります。ヒアリング調査でも多く

の人が相手の「笑顔」から受ける効果や肯定的影響について、次のように回答しています。

・最初は演技でもいいから笑っちゃえと。笑いにはパワーがありますから。お客様と一緒に笑って、ありがとうと言われることで、真の笑顔になってゆくのですね。（テーマパーク従業員）

・仕事の喜びは、お客様が喜んでくださることです。降りるときに笑顔で「ありがとう」と言ってくださるその一言が聞きたくて仕事をするのです。感情をコントロールするのも仕事の一環です。飛行機は一話完結型サービス。降りてしまえばそれで終わり、次はないのです。まさに一期一会の精神です。（航空機客室乗務員）

・「対応に苦労した患者さんから笑顔で「ありがとう」と言われたことや、「あなたの笑顔で元気になれたよ」と言われるのがすごく嬉しい。患者さんが退院するとき、わざわざお礼を言うために受付に寄って下さることもあります。（総合病院　患者サービス課窓口受付）

(2) 一定の「裁量性」

ここで言う「裁量性」とは、画一的な機械的対応ではなく、相手の状況によりいくつかの手立てを取りうることを意味します。「自律的にものごとに対処できる度合い」です。いわゆる〝丸投げ〟のように、無限の裁量は、かえって本人の負担を増加させることにもなりかねませんので、「一定」の裁量性という認識になります。担当する仕事において、自律性、主体性を発揮できること、自分の判断で進められることは、仕事の満足度にも影響を与え、ワークモチベーションを支える基本的要素である、という厚生労働省・中央労働災害防止協会の報告もあります[21]。

ホワートン[22]も職務が自律性を持つ場合、職務中の感情労働の行使は疎外的にならないことを銀行と病院のフロントサービス労働者への調査から明らかにしました。同志社大学の久保真人教授は、対人サービス業務においてバーンアウトを回避するために、仕事の進め方にある程度の裁量の余地・自律性が優先されるべきであると次のように指摘します。

「自律性のない職場では、仮にその仕事をやり遂げたとしても、充実感よりも、押

21. 厚生労働省委託事業『平成22年度職場の心理的・制度的側面の改善方法に関する調査研究委員会報告書』平成23年3月中央労働災害防止協会、中央快適職場推進センター　pp.202-203
22. Wharton,Amy S.（1993）pp.205-232

しつけられたという徒労感が残るだけという場合も少なくない。（中略）仕事の進め方に裁量の余地が少なく、過重な負担が存在する職場では、バーンアウトとともに、他のストレス性疾患の発症するリスクも急速に高まる」[23]。

実際、介護施設の現場から、施設の責任者からマニュアル以外のサービスが禁じられており、利用者が快適になるようにプラスアルファの対応をしたいと思っていてもすることができないなど、個人の感情と取り決められた役割・ルールとの間で葛藤し、ストレスを感じるという声も聴かれました。もっとも、業種・職種の特性、会社側の方針、対人サービス従事者の雇用形態、経験年数などにより、一定の裁量を付与できないケースもあります。

筆者が行ったヒアリング調査では、相手の状況・ニーズに迅速・的確に対応するために、対人サービスの現場にある一定の裁量が委ねられ、自律的に仕事を進めることができる環境は、対人サービス従事者の感情的負担を軽減するうえで有効である、という回答が多数ありました。

ただし、裁量性の付与にあたり次のような留意点があります。

裁量性に関する留意点[24]

23. 久保真人（2007）p.59

24. 働く人のメンタルヘルス・ポータルサイト「こころの耳」 職場の快適度チェック 「職場の快適さ」と「仕事の裁量性」の関係 https://kokoro.mhlw.go.jp/comfort-check/cc003/

①裁量の限度（権限委譲の内容）を現場の一人ひとり、チーム、組織が認識し、共有すること。
②限度を決める基準となる考え方、方針（経営理念が基になることが多い）が現場の一人ひとり、チーム、組織全体に徹底浸透されていること。
③権限行使の状況が「見える化」される仕組みづくり・チェック体制・管理者の直接的な見守りなどを整備すること。
④現場の対人サービス従事者にどの程度の裁量を付与できるか、的確な判断を要すること（現場の経験や必要とされる知識・技能が不足している人には、裁量を付与する前に、教育・研修の機会を提供する）。

①、②に関連する、ある外資系クレジットカードのコールセンター（インハウス[25]）の事例を紹介します。職場で行われたミーティングの中から「今、対応しているお客様は、いったいどんなサービスを求めているのか、お客様はどんなときにがっかりするのか」という問題意識が浮上しました。そこで、実際に顧客を対象に調査したところ、お客様は「上司に確認し、折り返し連絡します」という、「時間のかかることを嫌がる」という結果が明らかになりました。

25. コールセンターの業態は次の３つに分類される。
1. 自社の施設で自社が運営する「インハウス」
2. 外部の専門業者の施設に業務全体を委託する「アウトソーサー」
3. １、２の中間型であり、自社の施設で運営は外部に業務委託する「インソーシング」

さらに、現場のコールセンターのメンバーと上司・管理職が折り返しの電話になりやすいケースについて調査した結果、「金銭に関わること」が最も多いことが判明しました。そこで、対応策として顧客対応の現場で「自分の裁量で判断してよい」上限金額を決定し、その範囲内で現場のオペレータに裁量権を付与し、顧客対応を自律的な判断に委ねました。

その結果、現場のオペレータには組織から任せてもらえるという満足感・責任感が生まれ、お客様からも迅速な対応に対し、高い肯定的評価（NPS[26]）が得られるようになり、それがオペレータのやる気につながるという良い循環が形成されました。同社では、日常的に上司・管理職が現場の状況をよく見守り、情報共有、円滑な意思疎通のためにミーティングもタイムリーに行われています。

次はこの事例以外にも調査で聴かれた裁量性に関する声です。

・以前勤務したアウトソーサー型の職場では、指示通りのマニュアル対応が義務づけられ、顧客に親身な対応をしたいという気持ちを抑え、葛藤をおぼえました。現在のインハウス型は、一定の裁量が付与されており、納得できる対応が可能になり、顧客から直接感謝されることも多く、充実感、満足感があります。

---

26. NPS（ネットプロモーターースコア、Net Promoter Score）顧客のロイヤルティを測るための指標のひとつ。

（インターネット銀行コールセンター　オペレータ）

・職務としてスピード・正確性が求められ、非常にハードでプレッシャーもあり責任も感じますが、大幅に裁量が委ねられていて顧客の要求に自らの判断で即応でき、充実感、達成感はあります。その結果、顧客からの感謝の言葉をいただくことも多く、満足感があります。心理的な負担が軽減するように感じます。

（外資系ホテル　コンシェルジュ）

(3)「評価」

感情労働の行使が、相手に満足感、信頼感などをもたらし、その反応としてねぎらいや感謝の言葉、賞賛などという肯定的「評価」を受けるとき、対人サービスを行う人の心は、達成感、充実感に満たされ、職務満足を得ることになります。さらなるサービス向上を目指そうとする動機づけにもつながっていきます。

第1章で感情労働の特性のひとつとして「不可視性が高く……周囲に気づかれにくく、また評価もされにくい」を挙げました。たとえ感情労働が現場の上司・同僚に気づかれず、評価をされないとしても、相手から直に「評価」を受けとることができます。高い肯定的「評価」は、ときに相手から礼状という形をとることもあり、感情労働への大きな励みになります。

次は、評価に関する声です。

・心を込めた接客の積み重ねの中でお客様と心がつながり、お客様に喜んで帰っていただくのが一番嬉しいことです。お礼状をいただくこともあります。（百貨店　化粧品販売員）

対人サービスの現場の中には職場内の壁面に届いた礼状などを貼付し、喜びを共有し、組織全体の励みにするなど、メンバー相互の切磋琢磨を促すツールとして活用する職場もあります。

・職員が褒められた、礼状を受け取ったときは、幹部職員の会議で事例を紹介し、職務への励みになるよう全職員で共有します。（市役所　人事係長）

・日々、お客様からお礼状が届いています。車中での乗務員の仕事は見えません

が、この手紙に書かれていることで乗務員の仕事ぶりをお客様が評価してくださったことがわかります。（タクシー会社経営者）

「評価」という点では、「不可視性」が高い感情労働は、客観的な評価がされにくいと言われてきましたが、可視化を促進する動きもあります。そのひとつが、昨今、わが国でも注目されている同一価値労働同一賃金原則[27]の議論です。厚生労働省は2016年に「同一労働同一賃金の実現に向けた検討会」[28]を開催していますが、従前より昭和女子大学の森ますみ教授と早稲田大学大学院浅倉むつ子教授による調査・研究が進められており、職務評価システム（主に職務分析と職務評価の手法）などが提示されています。

職務評価としては、たとえば対人サービスを求められる業務である医療・介護サービス職では、職務評価ファクターを4つ[29]設定しており、そのひとつが「仕事によってもたらされる負担」になっています。

さらに、この負担を3つのサブファクター[30]①身体的負担、②精神的負担、③感情的負担に区分し、各サブファクターにレベル1から4まで評価レベルを設定し、得点を付しています。③の感情的負担の説明として、「患者や利用者の沈んだ気持ちを和

---

27. 森ますみ・浅倉むつ子（2010）pp.24-25「職種や職務、雇用形態が異なっていても、職務評価によって同一価値の労働には同一賃金を、仕事の価値が異なる場合でも、価値に比例した賃金の支払いを求める原則」

28. 厚生労働省「同一労働同一賃金の実現に向けた検討会」http://www.mhlw.go.jp/stf/shingi/other-syokuan.html?tid=339702

29. 森ますみ・浅倉むつ子（2010）p.30　4大ファクター（1）仕事によってもたらされる負担、（2）知識・技能、（3）責任、（4）労働環境

らげ、やる気を引き出せるように自分の感情を調整したり、また相手の感情の起伏を冷静に受けとめるために、自分の感情を抑えたりする際に生じる感情的な負担の大きさをはかります」とありますが、まさに、本書のテーマである「感情労働」です。この感情労働が点数化され、組織の評価・報酬制度に組み込まれ経済的報酬として反映される日も遠くはないかもしれません。ただし、相手から直接受けとる肯定的反応・評価は、達成感、充実感、満足感などをもたらし、対人サービス労働者への「心の報酬」として、仕事への楽しさ、喜びを増大させることに変わりはないと考えます。

(4)「自己承認」

相手からの否定的な反応がある一方で、笑顔や称賛などの肯定的反応が癒しや励みとなり、精神的な均衡を保つことがあります。感情労働を行使する中で、この両面を経験していきますが、これらの経験の積み重ねや内省の過程を通して、この仕事ならではの醍醐味を実感し、感情労働を伴う仕事に従事している自分自身を承認していくことがあります。

日本看護協会の小村由香氏[31]は、感情労働を受容し、顧客に積極的に接近すること

30. ①身体的負担：同じ姿勢や無理な姿勢をつづけたり、重い荷物を運んだり、人を支え移動させたりするときに身体にかかる負担の大きさ、②精神的負担：作業の遂行や機器の操作、患者や利用者との人間関係、医療・介護の事故、個人情報の管理など、仕事を行ううえで必要とされる注意力や集中力などの精神的な負担の大きさ、③感情的負担：患者や利用者の沈んだ気持ちを和らげ、やる気を引き出せるように自分の感情を調整したり、また相手の感情の起伏を冷静に受けとめるために、自分の感情を抑えたりする際に生じる感情的な負担の大きさ

31. 小村由香（2004）pp.67-82

により、顧客が満足し、その結果、感謝や高い評価を受け、喜び・自己承認が得られることを指摘しています。

次の看護師の言葉は、感情労働を通して患者に信頼感や安らぎをもたらすと共に、自分自身も天職と認めるまでに職務に対する納得感、充実感を得ていることがうかがえます。

・看護師になってよかったと実感しましたし、看護師になって人の役に立てることが本当にありがたいと思えるようになりました。（中略）看護師は最高の仕事、天職だと思います。（病院看護師）

・働くというのは、お金も大事だけれど、喜びや納得感が必要です。教師というこの仕事に生き甲斐を感じています。（小学校教諭）

・天候などの不可抗力によりお客様にご不便をおかけすることがあり、苦情をいただくことが多いです。誠意をもってできる限りの対応をしていますが、そうした中、お客様からお礼状をいただくことがあります。私たちの立場を理解してくださって、仕事を評価してくださる方もいるのだと本当に嬉しくなり、思わずチームの皆と一緒に手紙に向かって拝んでしまうこともあります。大変な

こともありますが、自分の仕事として責任感をもって、チームの皆と一緒に頑張っていきたいと思います。（交通機関　管理職）

(5)「有能感」

有能感とは、「結果を出すのに必要な行動をうまくこなすことができるという感覚のこと」[32]です。感情労働を伴う仕事を通して、相手に喜びや満足感を与えることができ、半面、大変な状況の中からも自己の能力が開発され、自己の成長を実感できるとき、有能感を味わい、職務へのやりがいや満足感が増大します。感情労働の有意味を実感し、ひとつ抜き出た感覚で仕事そのものを楽しみ、醍醐味を味わい、相手の人生をより豊かなものにしようとします。

・仕事に自信と誇りが持てれば向上心が湧いてきます。もっと、自分の仕事を磨いていこうという気持ちが生まれます。それが仕事を貴いものに高めていくことにつながります。（タクシー会社経営者）

32. 稲葉祐之他（2010）p.79

・「仕事を評価された喜び」「次もよろしく頼む」というお客様からの期待。それが、私がこのコンシェルジュという仕事を続ける最も大きなモチベーションかもしれません。（外資系ホテルコンシェルジュ）

・仕事をしていてよかったと思うときは、患者さんの症状がよくなったときです。救急は病名がわからない状態で来ます。ですから、患者さんに予期せぬことが起こったりします。それを予測しながら対処が的確に出来て、患者さんが良くなられて笑顔で帰られるときです。また、退院のときに元気になって挨拶に来られたりすると嬉しいです。（救急外来看護師）

・お客様から「ありがとう」の声を直接聞けたり、自分がやったパフォーマンスを楽しんでもらったり。人を楽しませることが仕事ですから、お客様が感動してくださるのが何よりの喜びです。（テーマパーク従業員）

2．モチベーションと職務満足感

(1)モチベーションを高める「外的報酬」と「内的報酬」

顧客などの肯定的反応に対し、対人サービスの現場で働く人はどのような気持ちや思いを抱くのか、アンケート調査[33]の結果から見ていきます。対人サービス従事者の約60％が「仕事へのやる気が高まる」と回答し、次いで「精神的疲労の解消」52％、「満足感、達成感」約44％という結果でした（86頁・実態調査結果①）。

こうした肯定的影響について、モチベーションおよびマネジメントの視点から考えていきましょう（図表7）。

①笑顔、②プラスの評価は相手から受ける外的報酬（仕事を通して、自分の外側から得られるもの）と言えます。④自己承認、⑤有能感は、内的報酬（心の中から直接湧き起こる心理的満足）と考えられます。

33．対人サービス従事者を対象としたWEBによる調査 p.47　注）17参照

［図表7］肯定的影響

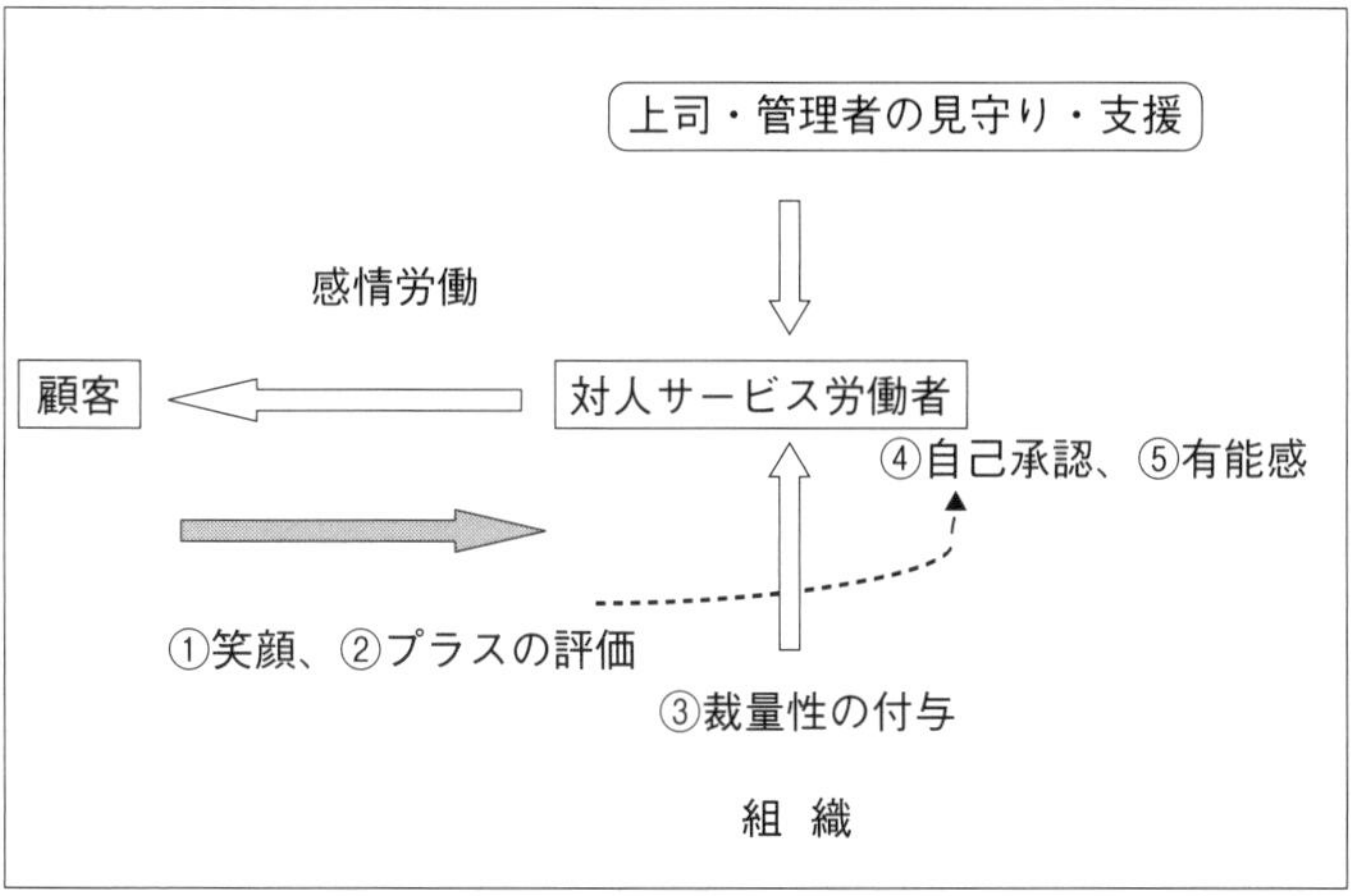

筆者作成

感情労働に対するマネジメントとしては、否定的影響を軽減し、肯定的影響を増大する環境整備の一環として自律的な職務の遂行を可能にする③の一定の裁量性を付与し、相手から少しでも多く①、②のフィードバックが得られるよう支援し、対人サービス従事者の④、⑤が高まるよう見守り、支援することが重要になります。

(2) 健康的に働くための「やりがい」や「満足感」

職務満足とは「職務そのものから得られる満足」を言い、職務満足感につながる要素として次のような点が挙げられています。[34]

①仕事にやりがいや意義が感じられる。
②自分の技能や能力を活用できる。
③支援してくれる友好的な上司・同僚がいる。
④快適に仕事ができる環境がある。
⑤うまく成し遂げたときに周囲からのフィードバックがある。
⑥公平な報酬がある。

(1)と同様に、ここでもアンケート調査の結果を見ていきましょう（86頁・実態調査結果②）。

相手から肯定的反応を得るためにチーム・組織として行っている支援については、「特にない」という回答が半数を超えています。

感情労働を行使する人が、職務に対してやりがいや満足を感じることができ、心身

34. ステファン・p・ロビンス（2009）p.42

共に健康に働けるように、組織としてなんらかの支援していくことが大切ですが、このアンケート結果を見る限り、支援が行われていない組織が少なくないようです。

職務満足感につながる要素を押えたうえで、第５章で改めて組織的支援の具体的方策を検討します。

対人サービス従事者　実態調査結果①

Q．相手（顧客など）からの肯定的反応を得たとき、どのような感情・思いになりますか	
A 1．仕事へのやる気がアップする、動機づけにつながる	59.6%
A 2．笑顔や感謝の言葉を受け、対人サービスに伴う精神的疲労が解消する	52.0%
A 3．この仕事でよかったと満足感、達成感を得る	44.4%
A 4．天職だと思う、自尊感情が高まる	14.4%

（複数回答）

対人サービス従事者　実態調査結果②

Q．肯定的反応をより多く得るために、チーム・組織としての配慮、支援などはありますか	
A 1．特に、配慮や制度の仕組みはない	50.6%
A 2．コミュニケーションや接客対応などのスキル、知識を学ぶ研修がある	26.6%
A 3．相手（顧客など）の要望に対応できるように一定の裁量権が付与されている	21.0%
A 4．高い評価が得られた場合、報酬に反映される仕組み・制度がある	12.2%

（複数回答）

第4章

「感情労働」が心にもたらす影響(2)

──否定的側面

感情労働が対人サービスを行う人にもたらす心理的影響の二側面のうち、第3章では肯定的側面についてみてきましたが、本章では否定的側面を取り上げます。

職務を遂行する過程で、ある程度のストレスは仕事の効率性を高めるうえで有効であると言われています。また、同じストレッサー（刺激など）であってもストレスを感じる度合いは、個々のパーソナリティ、年齢、ストレス耐性、経験、体調など、人によりさまざまで個人差があります。

しかし、ここで特に問題とするのは、ストレスが過剰で、本人の属性および努力、能力などで対処できる許容量を超えたものであり、日常的に頻回に受け続け、慢性化するケースです。

本章ではさまざまな対人サービスの現場に共通してみられる否定的影響（精神的疲弊や過剰なストレス、バーンアウトなど）がなぜもたらされるのか、その背景について5つのキーワードを基に検討しましょう。

1. ネガティブな影響をもたらす5つのキーワード

対人サービスの現場における感情労働の実態と否定的影響との関連を(1)「我慢」、(2)「演技」、(3)「一体化」、(4)「深入り」、(5)「互酬関係」から考えていきます。

(1)「我慢」

感情労働従事者は、感情規則に基づき、自然に生起する自身の感情を抑えたり、誘発したりするなど自己の感情管理を対人サービスの現場では業務として求められています。特に、感情を抑圧する場面では必然的に感情労働従事者には「我慢」が強いられることになります。我慢とストレスはどのように関連するのでしょうか。この点に関し、早稲田大学人間科学学術院の熊野宏昭教授[35]は、ストレスをもたらす状況には「頑張る系」と「我慢する系」の2つがあると言います。前者から生じるストレスは自分を奮い立たせ、頑張りすぎて心臓に負担をかけることになり、一方、後者は心を

35. 熊野宏昭（2007）pp.38-45

疲れさせ、精神的ダメージにつながると指摘しています。

では、感情労働の現場の実態はどうなのでしょうか。日本赤十字看護大学の武井朝子名誉教授[36]は、病院看護師の「我慢」について、次のように述べています。

自分の感情をあらわにするのは、看護師として失格のように感じられるからです。看護師自身「看護師たるもの感情的になってはいけない。まして怒鳴ったり、泣いたりしてはいけない」と思っているからです。

熟練した看護師でも、忙しいときに限ってしつこく訴えを繰り返す患者や、こちらが気にしていることを平気で突いてきてからかったり文句を言ったりする患者に対して、自分の感じている苛立ちや怒りを何とか表情に出さないように我慢しなければならないとき、つらく落ち込んでいるのに明るく患者に接しなければならないときなどには、つくづくしんどい仕事だと思ってしまいます。そんなとき大声で泣き喚くことができたなら……。看護が感情労働だと思うのは、こんなときです。

次に挙げるのは、さまざまな業種・職種の感情労働現場における「我慢」の実態で

36. 武井朝子（2001）pp.45-47

す。

・病院から給料をもらっているので、我慢というか……「あなた、怒らないの、これだけ言われても」と言われ、正直怒りたいですよ、怒りたいですけれども私があなたと同じように怒ったらどうなります？　とそういう感じです。（総合病院　医療安全課長）

・保護者の怒りをいかに和らげたらいいのか、自らの気持ちにふたをしながら必死に解決の出口を探さざるを得ない、夜中にうなされてしまいます。（小学校教諭）

・〝お客様は神様です〟という客室乗務員教育を受け、どんなに理不尽なことでも〝Ｎｏと言ってはいけない〟と言われてきました。お客様は理不尽な要求をし、応じないと苦情を言います。投書する人もいます。たとえばお箸が少し曲がっていても「なんで曲がってお箸を出すのか』とすぐキレるのです。それに対し、じっと我慢するのが乗務員の大きなストレスになっています。（航空機客室乗務員）

・会社が「ＣＳ（顧客満足）、ＣＳ」と言ってお客様の要求になんでも応えなくてはいけないことを、疑問に思うことがあります。会社の一員ですので、会社の方針には従わなければならないのですが。実際やるのは末端ですから……。窓口でケンカを売る人もいますし、酔っぱらってたばこを吹きかける人もいます。いきなり入ってきて喧嘩を売る人、怒鳴る人もいます。あとは短気な人、鬱積が積もりに積もって不満を持ち続けている人です。グッと我慢です。どんな小さな駅であっても、一日1万人は通ります。1％でもそんな人がいたら……。（私鉄駅員）

・年々市民の方々の権利意識が高くなっているのを感じます。市民としての義務を果たしていない方も、一方的に権利ばかりを主張してきます。公平公正を心がけて対応していますが、明らかに理不尽だと思う要求をエスカレートさせてくることもあります。冷静に対応するよう心を落ち着かせ、ひたすら我慢します。（市役所窓口職員）

・〝モンスター〟患者に関しては、何を言っているのか感情を抑えてよく聞くようにしていますが……。それが、スタッフの一番のストレスになっていると思います。（一般病棟看護師）

・いやなお客さんに対しては、我慢します。プロなので仕事と割り切っています。

お客さんにそれを悟られてはいけないですし、顔には出さないつもりです。（レストラン店員）

以上は、事例の一端ですが、相手の言動に対して、自分の心に自然に生起する感情（怒り、悔しさ、辛さ、悲しさなど）を抑制・管理し、「我慢」することを職務の一環として日常的に行っている状況が推察されます。

もちろん、我慢することは、相手が適切な精神状態になるように誘導するために職務遂行上必要となりますが、度重なる「我慢」は大きなストレスとなり、過剰な精神的負担を課すことにつながります。先に挙げた事例はほんの一端で、「我慢」を起因とするストレスは、さまざまな業種・職種の感情労働現場に共通して観察されます。

(2)「演技」

感情労働には、相手に対して悔しさや怒りなどを感じたとしても、自らの感情を管理し、「顔で笑って心で泣いて」のような「演技」によって適切な外見を維持することが求められます。

第1章で既述しましたが、ホックシールドはその感情を管理する方法として「表層演技」「深層演技」を紹介しています。繰り返しになりますが、「表層演技」とは、自然に生起した感情を自覚したうえで、自分の外見（笑顔や温和な表情など）のみを「感情規則」（その状況に相応しい感情）にそって変える方法です。

一方、「深層演技」は表面的にそうした「ふり」をするのではなく、心からそう思うように自分の心に働きかけ、本来の自分の感情を変えていく方法です。

こうした演技による感情管理を日常的にかつ頻回に行うことで、人の心にはどういう影響がもたらされるのでしょうか。ホックシールドは、感情労働者への影響（心理コスト）[37]として、次のようなケースを挙げています。

①自分を非難する可能性のあるケース

この場合、感情労働者は自分自身を職務と切り離しており、燃え尽きてしまう可能性は少ないのですが、自分を自分の職務から切り離していることで、「私は演技をしているのであって不正直だ」と自分自身を非難する可能性があります。

②シニカルになってしまうケース

自分の演技から自分を区別しており、そのことで自分を責めることもなく、自分の職務は演じる能力を積極的に必要としているのだ、と考えます。演技することか

37. ホックシールド（2000）邦訳 p.214

ら完全に疎外され、「私たちはただ夢を売っているだけだ」と皮肉な考えを持ってしまう危険があります。次第に自分の職務をきちんと果たさなくなる可能性があります。

もっとも、この「演技」に関してホックシールドのように否定的側面だけではなく、肯定的にとらえる見解もあります。たとえば、ソーシャル・スキルの観点からとらえると、目の前にいる相手との関係を良好な関係にしたいという目標があり、その達成のために演技であっても「笑顔」で対応することで、結果として相手から好感を得られたとしたら笑顔が良好な関係を構築するきっかけづくりとして機能したと言えます。

・苦手なお客様には、ときに「演技」で本心を隠すことがあります。自分でわかって演じています。これも自分が傷つかないようにする方法のひとつです。でも、そうするうちに、お客様と仲良くなることもあります。（家電量販店店員）

さらに、リスクを事前に回避するうえでも「演技」は有効です。たとえば、小学生の保護者が担任の先生に相談をする場面で、最初から先生に身構えられ、嫌そうな表

情で忙しそうな態度を取られると、保護者は「嫌な顔をされた」と感じてしまい、第一印象が悪くなります。

その結果、保護者は教員に対して最初からわだかまりを抱くことになり、単純な相談事も、後々こじれたりトラブルに発展するきっかけになることがあります[38]。たとえ、「演技」であっても、トラブルになるリスクを事前に回避する方法として有効なのです。

(3)「一体化」

「心のこもった温かいサービス」を提供したい個人としての感情と仕事上の役割としての「心を込めた」サービスとの境界線があいまいで、あたかも個人と仕事が一体化したかのような対人サービス従事者がいます。相手との関係が良好である場合は、「心のこもった」応対は高い評価を受けることにもなり、個人としても充実感・達成感を得ることができ、職務満足につながります。

しかし、逆に相手からクレームや攻撃を受けるとき、職務上の役割に向けられたものととらえられずに、個人としての自分に向けられたものと誤解し思い悩むことが少

38. 小野田正利（2012）p.12

なくありません。自分自身と役割を切り離すことができなくなるとき、ストレスを一層感じやすくなり、精神的に過度に疲弊することがあります。

・親切で周囲への気遣いがあり、自分のことより他の人のために一生懸命に尽くす人ほど、顧客から非難されたり責められたりすることが続くと、そのうちに思い悩んで元気がなくなり、心のバランスが崩れ数カ月もしないうちに辞めてしまいます。（コールセンター管理職）

ホックシールドも労働者があまりにも一心不乱に仕事に献身し、そのために燃え尽きてしまう危険性があることを示唆し、こうした行為は、同時に会社の代表として他者に対して心を込めていることになり、自ずと自分自身を〈商業的〉な役に同一化してしまうことになる[39]とし、こうしたケースの場合、一層ストレスを感じやすく、燃え尽きてしまいやすい可能性を指摘しています。

その防止策として、経験を積んだ労働者たちが「演技」が自分自身のものであるときと、単に商業的なショーの一部にすぎないときとをわきまえていることを例に挙げ、自分自身と自分の役割をはっきりと分ける「健全な」切り離しの重要性を強調し

39. ホックシールド（2000）邦訳　p.215

ています。

・病院の玄関を出たら忘れるよう努力します。電車で帰る間に、看護師の私から個人の私に役割を換えます。（総合病院看護師）

さらに、「どのようにすれば自己の要素が役割に流れ込むのを許しつつ、それでいて役割が自己にもたらすストレスを最小限に抑えるようなやり方で、自己を役割に適応させることができるか」が本質的な課題であると主張しています。

加えて、この対応策を考えるにあたり、弊害になっているのが職場環境のコントロールを可能にする労働者の裁量権の弱さであるとも述べ、そのジレンマについても言及しています。この裁量権については、感情労働の負担軽減にも関係する重要な点でもありますので、本章でもこの後に触れますが、第5章でさらに詳しく述べます。

(4)「深入り」

病棟勤務の看護師や介護士のように中長期的な期間、特定の相手との関係を継続する場合（第2章で既述）、前述のつくり笑いや親切な「ふり」をする「表層演技」は、深い信頼関係を築くうえでむしろ弊害になることもあります。しかし、その一方で、相手に信頼されるための「ひたむきさ」や「他人と深くかかわろうとする姿勢」がバーンアウト発症の原因になっているという対人サービスのジレンマ[40]があります。バーンアウトとはストレス反応のひとつであり、「仕事のうえで日々過大な情緒的資源を要求された結果生じる情緒的消耗感」と定義されます。

この情緒的消耗感はバーンアウトの主症状ですが、この枯渇状態の副次的結果として、脱人格化（感情そのものを感じなくなり、感情そのものを人格から切り離した状態）や個人的達成感・有能感の低下を引き起こすとされています。いずれも、過大な情緒的資源が要求される職務で発生しやすいと言われています。

心を込めて相手のためにと一心不乱に全力で対応し、より良いサービスを目指し、相手に深く関わろうと「深入り」していく過程で、当事者に自覚がなくとも「情緒的（心の）エネルギー」を大量に消費しており、情緒的資源の枯渇に至るケースも少なくありません。まさにこの「深入り」は、感情労働を行使する対人サービス従事者がバーンアウトに陥る要因のひとつと言えます。この点に関し、久保教授は次のように述べています。

40. 出所　久保真人（2007）p.57　kahn（1978）が指摘したヒューマンサービスのジレンマを紹介している。

「ヒューマンサービスの現場では、サービスをやり取りする関係の中で、サービスの受け手の気持ちを思いやり、その振る舞いを受け入れ、私的な問題にまで分け入って問題を解決していくことが求められる場合が少なくない。他人の立場を思いやり、誰かと信頼関係を築くには多大な情緒的エネルギーを要する。（中略）自らの役割に誠実な人ほど、日々接するクライエントと、このような感情のやり取りを繰り返していく中で疲弊し、消耗していく」[41]

「深入り」に陥りやすい他の要因として、職務の範囲の曖昧さという特性も挙げられます。感情労働は感情労働者と相手との関係性の中で行われるものであり、相手の要望に応えようとするとき、提供するサービス・責任の範囲や感情労働者の役割の曖昧さという特質から必然的に無限定、無定量なものになりやすく、この点も「深入り」に陥りやすい要因と言えます。次は、コンシェルジュと緩和病棟勤務の看護師の声です。

・緊急かつ細心の配慮を要する業務が多く、時間的制約の中で処理するケースも多く、常時プレッシャーがあります。目の前のお客様への対応や海外顧客からのメールによるリクエストにも迅速かつ的確にパーフェクトに行わなければな

41. 久保真人（2007）p.56

らず、際限のないサービス労働になっていきます。オフのときも、無意識のうちに顧客に紹介できそうな観光スポットやレストランなどを探しています。（外資系ホテルコンシェルジュ）

・精神安定剤、睡眠薬を服用しても、心臓が動悸でバクバクして眠れない。いろんなつらいときは寝たほうがいいのはわかっているけれど眠れない。同僚に話しても解消されない、薬を使っても癒されない。（緩和病棟看護師）

こうした「深入り」に陥る前の予防策のひとつとして、久保教授は、「突き放した関心」という技法を紹介しています。第5章の感情労働への具体的方策の中で詳述します。

(5)「互酬関係」

感情労働の特性のひとつとして、第1章で「顧客と感情労働を行う者の間に基本的に互酬関係ではない」ことを既述しました。顧客は対人サービス従事者が心を尽くして感情労働を行使したとしても、その感情労働に対して感謝を示す義務は特にありません。

喜びや感謝を表し、ねぎらいの言葉をかけるなど肯定的に反応を返す相手がいる一方で、当然の対応であると特に反応を示さない相手もいます。感情労働の努力が評価されず、一方通行で報われないことが頻回に続くとき、対人サービス従事者は虚無感と共に精神的疲労が解消されず溜まっていくと言います。反応を返さないばかりか、次のように一方的に理不尽な要求や暴言を吐き、関係性を築けないケースもあります。

・患者〝様〟という呼び方になって、トラブルが増えたという見方もあります。患者の方から、〝様〟と言っているのだったら〝様〟なりの対応をしろ、ホテルのような対応をしろ、と一方的に言われることがあります。（総合病院患者サービス課受付）

・薬の副作用なのか罵詈雑言が続き、「お前のようなやつは地獄に落ちろ」と言われたときはさすがにつらかった。でも、逆に何にも言われず、やったことへの反応がなく関係が築けないというのも非常につらいものでした。（緩和病棟看護

師)

武井教授も臨床の場に勤務する看護師と患者の関係性について次のように述べています。

「病気がいっこうに回復せず、思うように動けないことに対する怒りや無力感が健康な人に対する嫉妬や憎しみとなっているのです。患者の中にはそれを、看護師にぶつけてくる人がいます。（中略）患者に拒否されたり、どなられたり、まして暴力を振るわれたりしたときには、それだけでも心底悔しく気が滅入ってしまいます。ましてその理由がわからないときには、看護することのむなしさや無力感、絶望感を感じてしまいます」[42]

もはや個人としての努力・我慢を超えた組織レベルとしての対応が必要となります。

42. 武井朝子（2001）pp.45-46

2. 感情労働とメンタルヘルス

わが国では近年、精神疾患の患者数が増加しています。厚生労働省はうつ病をはじめとする精神疾患などの患者数が323万人（がんの2倍以上）と急増したことを受け、平成25年度には従来の4大疾病に精神疾患を加え、5大疾病[43]としています。

序章で既述したように、サービス産業化の進展に伴い、対人サービスの現場が増大しています。対人サービスに人も増え[44]、必然的に感情労働を行使する場面が増加すると考えられます。実際、ヒアリング調査では過剰なストレス、慢性的な精神的疲弊が以前にくらべ、増加傾向にあるという回答が多くあり、精神疾患につながることも懸念されます。では、否定的な反応を受けたときの対人サービス従事者の感情・思いはどのようなものでしょうか。

アンケート調査では、約半数は「仕事と割り切っているので、何も感じない」と回答していますが、約40％が「精神的に疲弊し、やる気がなくなる」、20％が「離職願望が高まる」、約17％が「自尊感情が低くなる」など、精神的なダメージを受けてい

43. 出所：厚生労働省 HP（アクセス日2016年1月13日）1. 精神疾患（323万）2. 糖尿病（237万人）3. がん（152万人）4. 脳血管疾患（134万人）5. 虚血性心疾患（81万人） 2008年度データ
44. 長松奈美江（2016）「サービス産業化がもたらす働き方の変化」『日本労働研究雑誌』No.666, p.32には、総務省統計局「平成24年就業構造基本調査結果」、「昭和62年就業構造基本調査結果」の産業・職業別就業者数の比較が掲載されており、概して増加が確認できる。

対人サービス従事者　実態調査結果③

Q．相手（顧客など）から否定的反応を頻回に受けると、どのような感情・思いになりますか	
A 1．仕事と割り切っているので、何も感じない	44.6%
A 2．精神的に疲弊し、やる気がなくなる	39.4%
A 3．離職願望が高まる	20.0%
A 4．自尊感情が低くなる	17.2%

（複数回答）

ることがうかがえます（実態調査結果③）。

(1) 感情労働による職業性ストレス

たとえば、チェーン展開している小売業の販売サービス職（2591人）を対象とした職業性ストレスに関する調査結果によると、感情面での負担の「チェックリスト（図表8）の8項目に対する回答が0～2つ（感情的な負担および感情を隠すことによる負担が小さい）の群と比較して、チェック項目が合計6つ以上の感情的負担が大きかった労働者では、抑うつ得点が危険ゾーンになっている確率が約7倍と高くなっていた」[45]ことが明らかになりました。

この結果について報告書では、販売やサービスに従事する労働者にはオーソドックスな仕事ストレス

45. 厚生労働科学研究費補助金『職業性ストレス簡易調査票および労働者疲労蓄積度自己診断チェックリストの職種に応じた活用法に関する研究』の報告書（2008）（平成17から19年度総合研究報告書　pp.135-137

［図表８］感情面での負担　チェックリスト[46]

あなたの仕事が、「感情」面での負担を強いられていたり、それを抑えることを求められているか、チェックしてみてください。

1．	仕事が原因で、気持ちや感情がかき乱される	はい	いいえ
2．	仕事で他の人の個人的な問題にかかわらなくてはならない	はい	いいえ
3．	感情面で負担になる仕事だ	はい	いいえ
4．	仕事に感情的に巻き込まれてしまう	はい	いいえ
5．	気がすすまなくても、皆と同じように接しなければならない	はい	いいえ
6．	仕事では、自分の感情を隠さなければならない	はい	いいえ
7．	皆に親切で親しみやすくしなければならない	はい	いいえ
8．	仕事で自分の思ったことを言えない	はい	いいえ

“はい”の数が
- 0～2　感情面での負担があまり大きくないようです
- 3～5　感情面での負担が少し大きいようです
- 6つ以上　感情面での負担がとても大きいようです

要因に加え、感情面での負担を強いられたり、感情を抑えることを要求される「感情労働」によるサービス職特有のストレスがあり、この負担が結果に反映されたものと指摘しています。

　このサービス職特有のストレスは、販売職にとどまらず、他の対人サービスに共通するものです。仮に職場の中で精神疾患により休職者が出た場合、本人が辛いのはもちろんですが、家族や同僚への負担、職場の

46. 前掲報告書　p.137　販売サービス職向けリーフレット「お客様に気持ちよく応対できる自分であるために」

［図表9］負の連鎖

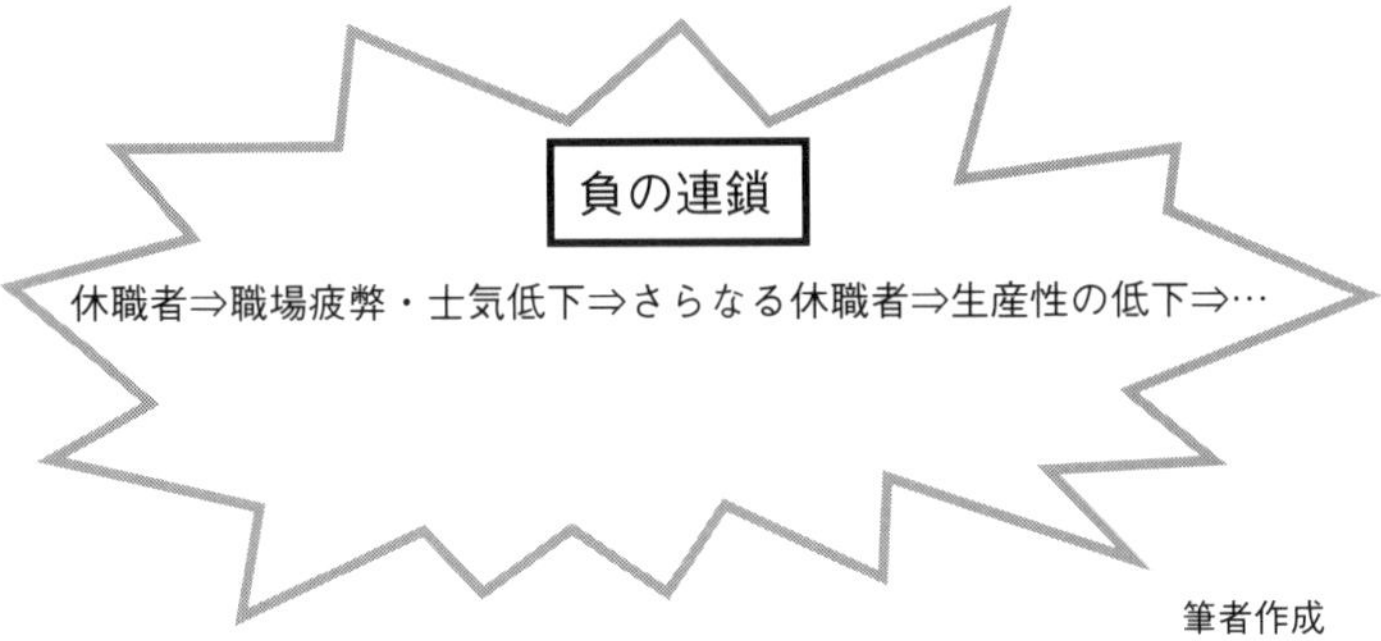

筆者作成

士気の低下、組織全体の生産性・パフォーマンスなどにもさまざまな影響をおよぼします（図表9）。改めて組織の視点、労使の視点からこの重要なマネジメント課題である感情労働への対策に取り組む必要があります。

(2) 仕事の「要求度」「裁量度」とメンタルヘルス

スウェーデンの心理学者でストレス研究者でもある、カラセックの「仕事の要求度」と「仕事の裁量度」の2つの要素で構成される「カラセックモデル」[47]の図表10を基に、感情労働とメンタルヘルスの関係を考えてみましょう。ここで言う「仕事の要求度」とは、仕事の量的負荷（多忙、仕事量が多い、時間的切迫感、仕事上の突発的な出来事、仕事内容が

47. Karasek, R.（1979）pp.285-308

［図表10］カラセックモデル

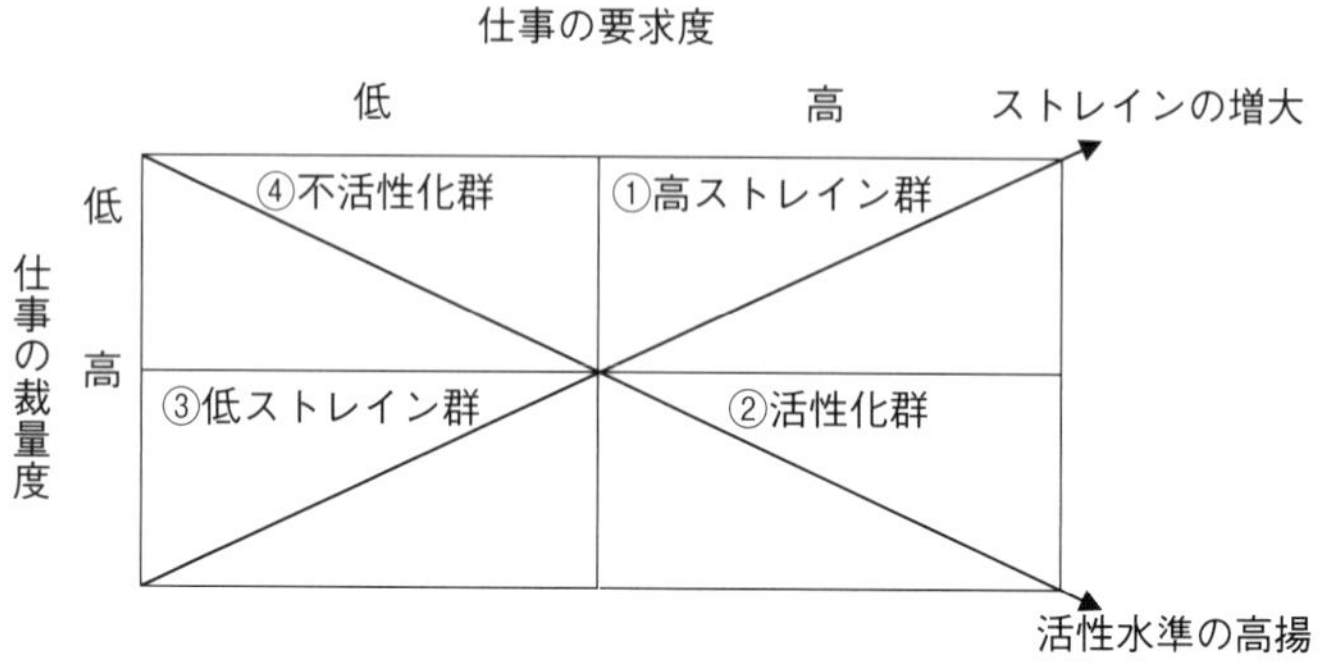

出所：Karasek,1979

困難など）であり、「仕事の裁量度」とは、仕事のコントロールや自由度（意思決定の権限、状況に対する対処能力など）を指します。この「仕事の裁量度」に関しては、第3章で既述したように、感情労働の行使による心理的影響および影響に対する具体的方策を考えるうえで重要な視点になります。

①高ストレイン群——仕事の要求度が高く、裁量度が低い

仕事の要求度が高いにもかかわらず、自分の裁量で仕事ができないという状況です。最もストレスが高く、心身へのストレス反応のリスクが高いとされています。働く人の精神的健康を維持するための方策として、仕事の要求度を低めるか、仕事の裁量度を高めるか、が考えられます。ただし、対人サービス業務の場合、顧客などの要望に応えることが職務の特性でもあり、前者の実行は難しく、後者を高めることの方が実行可能性も高く有効と考えられます。

困難な要求をする顧客に自由裁量がなく、あくまでマニュアル通りの対応を管理者・組織から求められている対人サービス従事者が該当します。アウトソーサー型（外部の専門業者の施設に業務全体を委託する業態）のコールセンターに勤務するオペレータはこれに近い例と言えるでしょう。

②活性化群――仕事の要求度が高く、裁量度が高い

仕事の要求、裁量度が共に高く、働く人にとってはやりがいや満足感が高いとされています。ただし、仕事の量が過剰でかつ高度な質を限界を超えて要求され続けるとき、働く人の心身の負担は倍増すると考えられます。

第２章の(1)②で既述した外資系ホテルのコンシェルジュの例はこれに近いと言えるかもしれません。

③低ストレイン群――仕事の要求度が低く、裁量度が高い

最もストレスが生じにくい状況です。現実にはあまり見られない状態です。

④不活性化群——仕事の要求度が低く、裁量度も低い

指示通り、マニュアル通りの対応が求められます。相手のために感情労働をしたくてもできない、ということで、相手のために、何かしてあげたいと思う人にとっては精神的に葛藤することが考えられます。受動的な状況が続くと次第に無気力になることも考えられます。ファストフードの店員、ファミリーレストランの接客対応者はこれに近い例と言えるかもしれません。

なお、筑波大学大学院大塚泰正准教授らによるとこのカラセックモデルの「仕事の要求度」「仕事の裁量度」に、ジョンズ・ホプキンズ大学のJohnson & Hallが追加した「ソーシャルサポート」の3要因を測定することが、現在はストレス対処について考えるうえで一般的になっていると言います[48]。この〔要求度―コントロール―サポートモデル〕では、「仕事の要求度が高く」「裁量度が低く」「サポートの少ない」場合に最もストレスや健康障害が発生しやすくなる、としています。この「ソーシャルサポート」も、感情労働による心理的影響への具体的方策（第5章）を検討するうえで重要な視点となります。

48. 大塚泰正他（2007）p.46
Johnson, J.V. Hall, E. M.（1988）Job Strain, Work Place Social Support, and Cardiovascular Disease: A Cross-Sectional Study of a Random Sample of the Swedish Working Population. *American Journal of Public Health*, 78, 1336-1342

このように第３章、第４章において、感情労働による心理的影響の二側面を検討してきました。感情労働の行使に対する相手からの反応がどちらの面になるかは、相手がどのような状況に置かれているのかなどにも因り、一概に言うことはできません。さらに、対人サービスは相手と対人サービス従事者との関係性の中で行われるものでもあり、双方の相性、性格や感性の相違、そのときの相手の気分やさまざまな状況など不確定要素に左右されることが少なくありません。

ただし、ここで重要なのは、否定的側面への対処は、個人の資質、能力、経験、努力のみに委ねるものではなく、組織的に取り組むべき課題であるという点です。その理由はサービス産業の進展に伴い生じてきた構造的課題でもあるからです。

否定的側面を軽減し、肯定的側面を増大させるための方策を、個人、集団（チーム）、組織の視点、労使の視点から検討する必要があります。対人サービスの現場でいかに否定的側面、すなわち対人サービスを行う人の心理的負担をどのように有効に回避・軽減するか、肯定的側面、すなわち充実感・満足感をどのように得やすくして自己肯定・自己承認につなげるか、具体的な方策を検討することが重要です。

第5章

「感情労働」への具体的方策

さまざまな困難を何度も乗り越えてきた対人サービスの熟達者が語るのが、対人サービスの現場ならではの深い喜びや醍醐味です。しかし、その境地に達する前に、過度の精神的疲弊、バーンアウトなどにより離職に至る人も少なくないと言います。

第3章で述べた肯定的側面（喜び、楽しさ、充実感・満足感、自己承認など）がある一方で、第4章で述べた感情労働の過度の行使による否定的側面（精神的疲弊、情緒的消耗など）が指摘されます。個人の努力はもとより、チーム、組織のマネジメントとして、いかに否定的側面を回避・軽減し、肯定的側面を増大させるのか、その具体的な方策を考えることは、働く人がいきいきと働くことができる職場環境を構築するうえで極めて重要です。

筆者の行ったヒアリング調査では、感情労働から生じる否定的反応の軽減および肯定的反応の増大に、専門知識の習得はもとより個人のスキル（コミュニケーション・スキル、ソーシャル・スキル）の向上、チーム力の強化、組織としての仕組み・制度（裁量権の付与など）の構築が有効であるという回答が数多くありました。

特にクレームなどの否定的反応を軽減するために事前に行う対応策は非常に有効であり、第6章に挙げる事例の多くは本章で言う事前策を実践しています。ただし、相手の要求、その時点の状況、職務の特性などにより否定的反応が皆無となることは現

［図表11］事前対応策・事後対応策

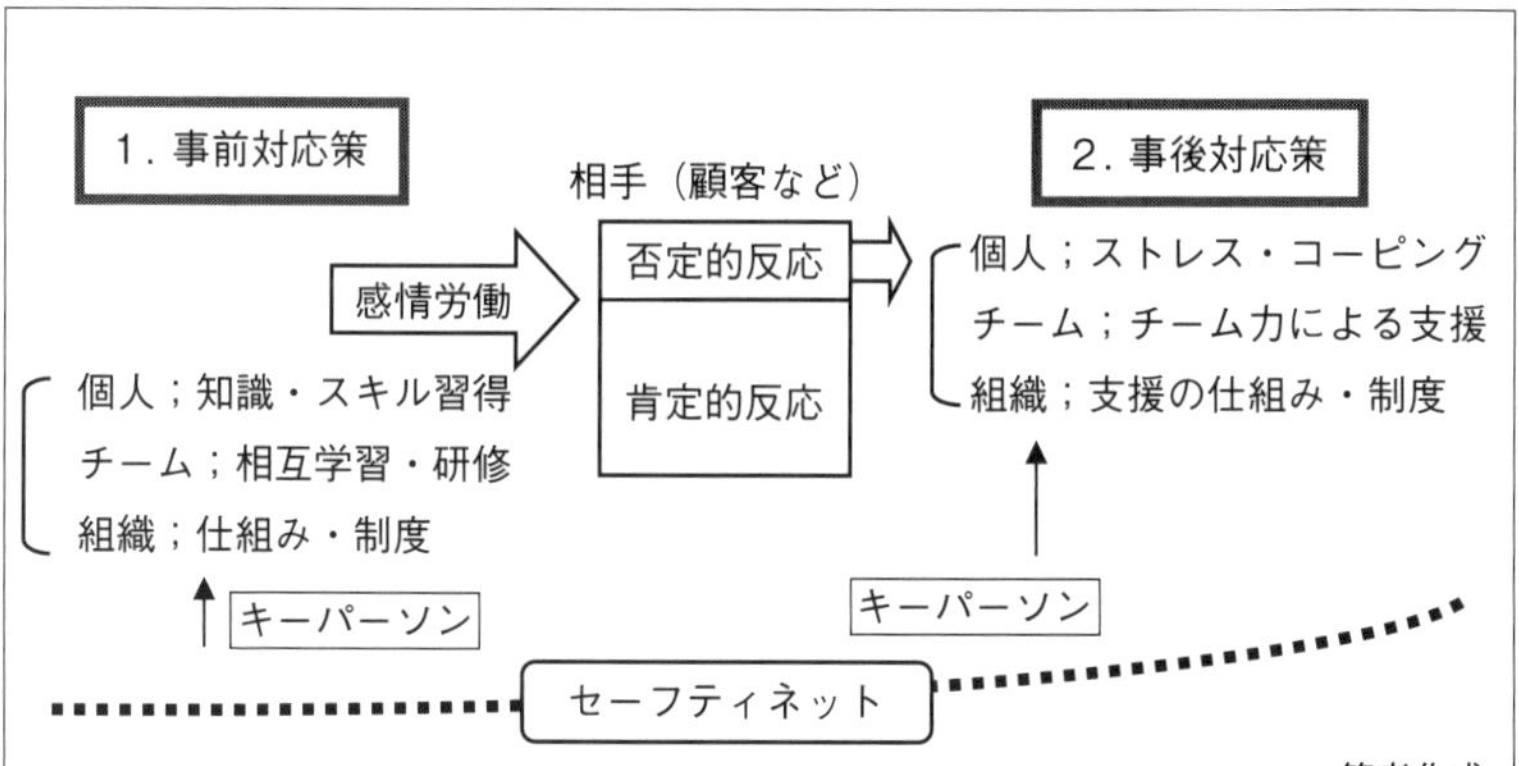

筆者作成

実的には難しい状況です。そのために否定的反応を受けた後の対応策が必要になります。

さらに、事前策、事後策を円滑に推進させる「キーパーソン」「セーフティネット」（後述）についても考慮する必要があります。

本章では、感情労働への支援策を事前対応策・事後対応策の2つに分け、個人、集団（チーム）、組織のレベルごとに学説などの知見も交えながら具体的方策を紹介します（図表11）。

1. 事前に行う対応策

(1) 個人が行う対応

①コミュニケーション・スキル

否定面の軽減および肯定面の増大に、ヒアリング調査では業種・職種を問わず共通して回答者全員がコミュニケーション・スキルの有効性を指摘しています。対人サービスの現場では、相手を理解し、適切な対応をするために傾聴力や誤解を受けないようなわかりやすい説明力などが求められます。

実際、これらのスキル不足が原因で、クレームなどに発展することもあり、謝罪のために感情労働を行使する場面を自らがつくってしまうケースも見受けられます。このようなケースを事前に回避するためにも、コミュニケーション・スキルの習得・強化は必須です。

第3章でも紹介した、森教授らの『同価値労働同一賃金原則の実施システム』には医療・介護サービス職およびスーパーマーケット販売の職務評価として4大ファクター[49]が提示されています。そのひとつが「知識・技能」であり、その中にサブファクターとして「コミュニケーションの技能」があります。この「コミュニケーションの技能」は医療・介護サービス職では、「生活歴が多様で、容態や状況の異なる個々の患者・利用者と意思を疎通し良好な関係をつくる技能、患者や利用者の感情を和らげたり、前向きな姿勢を引き出す技能、職場の同僚・上司との良好な関係をつくる技能」、スーパーマーケット販売では、「顧客への対応、仕事上のチームワーク、販売や交渉などに必要なコミュニケーションの技能」と説明されています。

航空機の客室乗務員も同様です。「観光エアライン」でもある九州のある航空会社は、眼下に見える景色はもとより、フライトの時間・機内の空間そのものを乗客に寛《くつろ》ぎ楽しんでいただくため、日々コミュニケーション・スキルを磨いています。たとえば、シートベルトを装着せずに眼下の景色に夢中で見入っている乗客には、その楽しい気持ちを損なわせず、共感しつつ安全につながるベルト着用をスムーズにしていただくよう、声のかけ方などに工夫を凝らします。

客席数が48席という機内に客室乗務員が1人であり、発生するさまざまな問題に対

49. 森ますみ、浅倉むつ子（2010）医療・介護サービス職 pp.30-31；スーパーマーケット販売・加工職 pp.92-93、4大ファクターとは、(1) 仕事のよってもたらされる負担、(2) 知識・技能、(3) 責任、(4) 労働環境。

しても1人で対処する必要がありますが、落ち着きのある態度で表情も笑顔を絶やさず、楽しい雰囲気を醸し出すよう感情をコントロールするように心がけています。

介護現場の感情労働を研究している新潟医療福祉大学吉田輝美教授も、「介護労働の中心にあるのは、介護サービス従事者と利用者や家族とのコミュニケーション」であるとしたうえで、高いコミュニケーション能力が介護サービス者の感情労働による疲弊を予防する役割を果たすのではないかとその可能性を示唆しています[50]。

このように職務により若干求められる内容に差異はあるものの、コミュニケーション・スキルは、対人サービス職においては必須です。ヒアリング調査においてもこれらのスキルの重要性を認識し、個人のスキル習得のためにチーム、組織として向上および強化のための機会を設けている事例は数多く聞かれました。

・チームメンバーとお客様への対応の仕方、会話の仕方などをロールプレイングなどを用いながら自主的に学んでいます。（タクシー乗務員）

・新入社員として入社した最初の2カ月間は十分に時間をかけ、お客様への言葉の使い方、お客様への対応の仕方、社会人の基本マナー・礼儀などを徹底指導しています。同行訪問の機会を設け、実地教育も怠りません。（リフォーム会社経

---

50. 吉田輝美（2014）pp.23-24

宮幹部）

・新人教員に、好感を与える第一印象、保護者とのコミュニケーションの取り方、子供たちへかける言葉などを一から指導しています。教育上の観点からも大事ですので。（小学校教諭）

さらに、クライエントとの信頼関係構築（ラポール形成）のために心理カウンセリングなどで用いられる円滑な会話のためのスキル（アクティブ・リスニング、ペーシング・スキル、リーディング・スキルなど）も、相手との良好な関係を構築するうえで有効です。

②ソーシャル（対人関係）・スキルの習得・強化

ソーシャル・スキルとは、「相手と自分との間に良好な関係を築いていくための方法やコツ」であり、具体的には相手を受容し、共感的な姿勢・態度を示すことが基本です。次のように職務上体得した特有のスキルもあります。

・いわゆる〝モンスター〟患者に関しては、面と向って組み合ってはいけない。

こちらがモンスターになってはいけないのです。だから先に謝ってしまいます。「気分を害したのであればすみません」とすぐ謝ります。「お待たせしました。「申し訳ありません」は挨拶だと思っています。文句を言おうと思っていた人も拳をおろしてくれます。（総合病院医師）

・苦情に上手に対処する秘訣は、人の話を聞いて要点をとらえて、要点を返すのです。でも、酔っぱらいの人は要点をとらえても駄目で、「ハイハイ申し訳ございません」というだけです。対応に時間がかかると、人の波をさばけないのです。（鉄道駅員）

・どうすればお客様が喜んでくださるのか、要望に応えられるのか、相手の立場で考えられるための理解力、洞察力は欠かせません。また、さまざまな国のお客様と対応するためには広い視野と教養も大切です。（外資系ホテルコンシェルジュ）

(2) チームレベルの支援

①チーム力の強化――感情労働に関する情報共有と学び合い

集団（以下、チーム）における学びには、個人の経験だけでは得られない気づきや発見があります。チームでのミーティング、勉強会、研修会などを通して学び合い、教え合い、切磋琢磨する中で、感情労働に関する情報や暗黙知などが伝授され、共有されていきます。自らの言動を客観的な視点で省察する場としても有効です。研修会のようなフォーマルな場だけでなく、上司、同僚との日常的なさりげない会話の中からも、たとえば、相手との適度な距離感を保つちょっとしたコツなど、暗黙知や気づきを得ることもあります。

・教習所の教育は「サービス業」ととらえ、定期的にチームおよび所内全体で勉強会、研修会を実施しています。同業他社からではなく、異業種の多様な顧客サービスの事例から入所者へのより良いサービスなどを学び、皆で議論し深め合っています。（自動車教習所職員）

・この情報を教えて差し上げたい、でもお客様にとっては余計なお節介かもしれないと迷ってしまい、お客様に対してマニュアル以外のお声がけができませんでした。上司に相談したところ、お客様が喜ばれると思うことは積極的に行っていいですよ、と言われたのですが、なかなかきっかけがつかめずにいました。あるとき、上司が背中をそっと押してくれ、今がそのときかなと思いきってお声がけし、お客様に喜ばれたとき、これだ！　と自分の中にすっと腑に落ちた瞬間がありました。（インターネット銀行カスタマーセンターオペレータ）

ここでは、特に、感情労働による否定的側面を回避・軽減するための方策のひとつとして「バランス力」について紹介します。

［暗黙知である「バランス力」の伝授・共有］

〝親身ではあるが、深入りしすぎない〟絶妙な「バランス力」が感情労働の現場で仕事を継続するために重要と言われています。しかし実際には、職務の特性や個人のパーソナリティ、個々の特殊な状況により、「バランス」が取りにくい場合もあります。どのようにしたらよいのでしょうか。久保教授は、対人サービスでは、「相手（顧客など）を思いやる心、誠実に対応する姿勢」で接する一方で、「冷静で客観的な態度を堅持する能力」も同時に必要であるとする、第4章でも触れた「突き放した関心（detached concern）」という態度を紹介しています[51]。

51. 久保真人（2004）p.136

「突き放した関心」とは、リーフとフォックス（Lief & Fox 1963）が提唱した、「相手に共感しすぎたために、冷静な判断ができなくなったり、相手と同じ『重荷』を背負ったために、心身ともに消耗してしまったりすることを防ぐための技能」を言います。相手に共感しながら一定の距離を取る、一見正反対に思える2つの姿勢を個人の中で矛盾なく両立させるという高度な技能であり、対人サービス従事者として高いレベルの仕事を維持しながらも情緒的消耗を回避するという効果的な対処法のひとつです。

ただし、この技能を身につける前に、疲れ切って離職してしまうことも少なくないと言います。職務体験から得た知恵をチームという「場」を通して共有し、マニュアルなどでは学びきれない暗黙知である絶妙なバランス感覚を同僚や上司から伝授され、体得していくことが大切です。本章の冒頭で述べた「困難を乗り越え、醍醐味を味わう」境地に至るための、チームの持つ重要な機能と言えます。

・共感しすぎると疲れるので、また、全部受け止めるとこちらが辛くなるのでその中で繰り返し言われるキーワードを拾って聞きます。（緩和病棟看護師）
・先輩の看護への姿勢から感情労働とその対処を学ぶことができます。既成のマ

ニュアルに頼らず、考え方や対応の仕方を実際の仕事に携わりながら、『こういうとき、先輩はこうしているのか』とその働く姿から学び、肌で感じ、心と体で覚えて受け継がれます。（病院看護師）

②チーム力の強化――チーム・メンバー全員が必須事項を共有

①で示したような知識やスキルを学び合うためには、チーム内の環境づくりが大切です。そのために、事前にチームメンバーで共有すべき必須事項が２点あります。

ｉメンバーの役割並びに責任範囲の明確化と共有

対人サービスの現場では、相手の個別具体的なニーズへの対応を求められることが多く、ともすると役割・責任の範囲が不明確になりやすいという特性があります。その結果、孤軍奮闘して無定量・無制限にサービスを提供する傾向に陥ることがあります。

役割や職務の範囲の曖昧さが過度の業務量、ストレス、精神的疲弊をもたらし、前述した「深入り」にもつながっていく可能性があります。「何が自分たちの役割なのか、どこまでがすべきことなのか」など、組織全体の方針を前提に、チームとして役割および業務の範囲を可能な限り明確化し、共有することが必要です。相互協力や連携がしやすくなり、個人の負担を軽減することにつながります。

ii組織・チームの価値観、判断基準の明確化および共有

経営理念に基づく価値観・判断基準は、チーム内の相互学習・研修、ミーティングなどさまざまな機会を通して全員が共有することが非常に重要です。なぜならば、対人サービスに対する価値観や判断基準の相違がチーム内の人間関係などに軋轢をもたらし、ストレスの原因になることが少なくないからです。ここで対人サービスに従事する人のタイプを３つ挙げてみましょう。

a．人と接することが好きで相手に喜んで頂くために努力を惜しまないタイプ

b．不本意ながら対人サービスが必要とされる部署に配属されたため、業務の一環として割り切って行うタイプ

c．顧客などと直接、接する対人サービスの担当者は「組織の代表」であると認識し、緊張感をもって頑張るタイプ

このようにタイプにより職務のとらえ方、取組姿勢は異なりますが、この相違がときに温度差となり、チームメンバー内に不協和音をもたらし、人間関係やチームの連携に負の影響をおよぼすことがあります。相手への対応において「何をすることが一

番重要なのか」など、職務の目標・意味を徹底的に話し合い共有する必要があります。個々のメンバーのタイプ・価値観を超えたチームとしてのルール・判断基準をよく話し合って取り決め、共有することにより、目標に向け一体感が醸成されチームの連携が強くなり、チーム力の強化につながります。その前提があってはじめて、各人の個性、持ち味が活かされてきます。

・乗務中に起こったイレギュラーケースへの対応について、情報交換をする中で、自分の行った対応が会社の考えるサービスの方向性と異なっていることに気づくメンバーがいます。ひとつの方向性にまとまるようミーティングで再度確認をしています。月一回、教官が同乗し業務観察を行い、乗務員のサービスレベルの維持を図ると共に、業務に対する判断基準を統一するようにしています。

（交通運輸　管理職）

・女性ばかりの職場ですし、中堅クラスの看護師が多いので、前に勤務していた病院のやり方で行う人もいます。それぞれの看護観が違いますので、その状況で力を合わせて仕事をしていくのはとても難しいです。（中堅病院　看護師長）

・チームのメンバー全員でよく話し合い、「チームとして何を大事にしていくか」

を共有し、チーム力を発揮しています。（メーカー営業所所長）

(3) 組織レベルの方策

①「サービス・コンセプト」の明確化と現場への具現化

組織として最初に行うべきことは、経営理念の徹底浸透です。そのうえで、「サービス・コンセプト」（顧客に提供すべきサービス・価値）を明確にし、具体的方針を示し、現場に徹底浸透させることが大切です。このように方針が明確化され、メンバー間で共有されることにより、前述の(2)の②で示したようにチームの方向性やメンバーの役割がより具体的に定まってきます。

・センターを管轄する役員から、自分たちの仕事は何のためにあるのか、顧客にどのようなサービス・価値を提供したらよいのか、カスタマーセンターの意義は何か、を繰り返しお話しいただきました。

生の顧客情報をいち早く聞くことができ、直接顧客ニーズに応えることができる最前線の仕事であることに気づき、改めて自分の仕事の意義を見直すことができ、やる気につながりました。（インターネット銀行カスタマーセンターオペレータ）

では、次にこの「サービス・コンセプト」をどのように具現化したらよいでしょうか。

「サービス・コンセプト」を具現化するための3要素は、(a)人によるサービス、(b)製品などの品質、(a)と(b)を背後で支える(c)制度・仕組みです（図表12）。たとえば、対人サービス従事者の対応(a)が相手の要求レベルに達しておらず、また、製品に欠陥など(b)があれば不満、クレームなどにつながります。

また、(c)が不整備だと、迅速・的確な対応ができず、対人サービスを行う人に負担がかかることも考えられます。ここでは、相手からの肯定的反応を増大させ、クレームなど否定的反応を発生しにくくする(a)対人サービス、(b)製品の品質管理、(c)制度・仕組みについて、それぞれ事例を交えながら紹介します。

(a)対人サービス

先にも紹介した九州の航空会社では、飛行中の時間、機内空間をより楽しんで過ごしていただくために、アンケートの実施を行っています。お客様がどのような

［図表12］サービス・コンセプト具現化の３要素

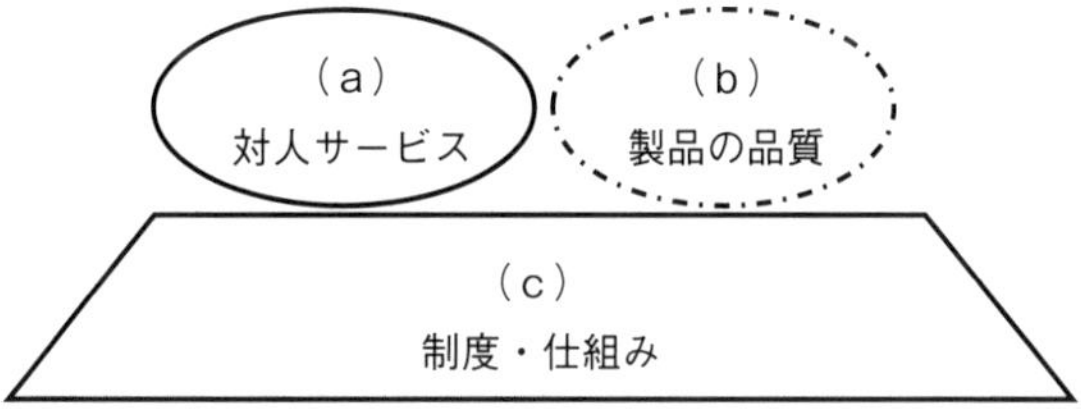

筆者作成

サービスを望んでいるのか、お客様に直接聞いてみましょう、という趣旨で始まり、機内にお客様シート（アンケート用紙）を設置しています。同シートの回答から「お客様はこう思っているのだ」という新たな発見があり、顧客への理解ときめ細やかな対応に反映されています。

このような積極的なニーズの聞き取りは、乗客に喜んでいただくとともに、肯定的反応を受けやすくする事前策と言えます。この「お客様の声」は月ごとにまとめられ、役員、社長に回覧し社内で共有しています。アンケートにある要望やアイデアは、安全性を十分考慮して精査したうえで採用が決定されますが、お客様が機内で快適に楽しく過ごせるものであれば積極的に採り入れています。

たとえば、「機内誌の字が小さいのでルーペがほしい」「眼下のしまなみ海道などの景色を見たいので、双眼鏡を用意していただきたい」などの要望には速やかに対応して喜ばれています。

また、ある企業のカスタマーセンターでは、行動科学論に基づく「ソーシャルスタイル」というタイプ分けアプローチ法を導入し、顧客対応をしています。「ソーシャルスタイル」を通して、スタッフは瞬時にお客様のタイプを識別し、お客様にあった応対を柔軟に行うことで信頼関係を築いていくというユニークな試みで、お客様とのコミュニケーションをより深めることができ、顧客満足度の向上につながっています。

(b)**製品の品質**

徹底した品質管理を行っている人形販売の会社の例を紹介します。同社は、日本人形の製造販売を行っており、販売チャネルはインターネットのみです。そのためカタログ作成には多くの資金を投入しています。商品を直に見て購入する実物販売であっても、クレームや返品率が少なくありません。

しかし、同社では設立当初こそクレームが数件あったものの、現在はゼロに近いと言います。クレームの原因のひとつは品質です。そこで、同社ではクオリティの維持・向上が大前提であるとし、人形職人に依頼してさらなる品質向上に努めてもらうと共に、検品に関しても人を大幅に増員して年間を通して徹底した品質チェックを行うなど、クレームの起こりにくい体制を整えています。多様なニーズを持つ顧客とプロフェッショナルである職人との間に立って、双方の要望を丁寧に聞き取り、入念に調整するスタッフを置いていることもクレームを発生しにくくしている要因と言えます。

また、祖父母が購入者であった昔と違い、昨今は若いお母さんが自身のこだわりとセンスで納得のいく人形を慎重に選ぶことが多くなっています。万一、がっかりしたときは、口コミやインターネットの書き込みなどでマイナス情報が瞬時に拡散することもあり、同社の事前対応策は有効に機能していると言えます。値引きも一切していないにもかかわらず好業績を上げており、人形業界では非常にユニークな存在の企業と言えます。

(c)制度・仕組み

ある銀行のカスタマーセンターでは、顧客応対担当者一人ひとりのスキルとマインドを高めるために人材育成はもとより、応対担当者のためのサポート体制があります。具体的には、顧客の多様なニーズに柔軟な対応を可能にするために、バックオフィスからの正確かつ迅速な情報提供などの支援、他部署との緊密な業務連携などが整備されており、組織制度の総合力が顧客応対現場に反映され、担当者の応対品質を向上させています。

また、年間30万人が訪れるという大手旅館では、客室係がお客様とゆとりを持って会話し、きめ細やかなおもてなしできる時間を確保するために、次のような装置を導入しています。「一階にある調理場から、客室がある各フロアに配置されたパントリー（配膳室）まで料理を運ぶ『料理自動搬送システム』という機械です。この装置があることによって、客室係が料理を運ぶ手間を大幅に減らすことができました。結果として、お客様に接する時間が増えて、じっくりとおもてなしをすることができます」[52]

②人事（採用、教育・研修など）制度の効果的設計（第6章事例参照）

・採用段階での選考方法を工夫

インターンシップ研修や採用試験の方法などを工夫し、対人サービスへの意識が高く資質のある人材を選考・採用することにより、相手から肯定的反応を受けやすい状況にしています。

・教育・研修機会の提供

52. 日経 BIZGATE　2016年1月13日号　http://bizgate.nikkei.co.jp/article/95124516.html

個人レベルでの学習、チームレベルでの相互学習・研修などについて既述しましたが、あくまでも組織がサービス従事者への基本的な教育や研修の機会を設定し、体制を整備することが重要です。具体的な教育・研修内容として、最新の業務に関連する専門知識・情報、感情労働に関わるスキル、メンタルヘルスなどがあります。

インターネットなどの普及により、豊富な情報を持つ相手（顧客など）に迅速・的確に対応するためにも、最新かつ有用な知識・情報の習得は欠かせません。また、正規・非正規社員などさまざまな雇用形態が混在している組織では、一定レベル以上の応対スキルを全員が体得するためにも、等しく教育・訓練の機会を提供することが大切です。また、チームの一体感の醸成にもつながります。

・雇用形態に関係なく、全員に教育・研修の機会を提供しています。特に、新しい商品が出るたびにタイムリーに勉強会をし、わかりやすく説明し正確に理解してもらうよう心がけています。（インターネット銀行管理職）

---

2. 事後に行う対処

事前対応策を駆使しても、否定的反応がなくなるとは限りません。ここでは、否定的反応から生じる精神的疲弊を軽減する方策を検討します。

(1) 個人が行う対処

①ストレス・コーピング

否定面軽減の方法として、さまざまなストレス・コーピング（対処行動）が挙げられます。ヒアリング調査ではストレスの解消として次のような努力や工夫が挙げられました。その内容は主にⅰ他者の力を借りる、ⅱ自分自身で努力・工夫する、の2つに大別されます。各々に次のような回答がありました。

ⅰ「他者の力を借りる」

・同僚・上司、友人、家族に話を聞いてもらう。

・同僚・上司、友人からアドバイスをもらう。
・同僚・親しい人に愚痴を言う。
・同僚と一緒に相手の悪口を言い合って発散する。
・カウンセラーに相談する。
・メンタルヘルス室に行く。

話すことです。話さないと自分の中にストレスが溜まってしまいます。スタッフが共感してくれて「辛いよね」と言ってくれると、確かに支えになります。（病院救急外来看護師）

ⅱ「自分自身で努力・工夫する」
・仕事以外のことをする――スポーツで発散する、散歩する、旅行に行く、温泉でリラックスする、日曜大工に没頭する、映画鑑賞で気分転換する、趣味に没頭する、飲酒・飲食するなど。
・自身の内面で処理する――仕事と割り切る、我慢する、自分の中に飲み込む、忘れるよう努力する、諦めるなど。

会社からのストレス対処へのサポートはないですね。個人で飲み込むしかないです。同僚同士で飲食して発散することもあります。（私鉄駅員）

苦情を受けるのは自分の仕事のひとつなので、プロとして泣き言は言いません。ぐっと我慢します。（病院職員）

・客観的に分析して、今後の仕事に生かす——相手とのやりとりをノートに記し、何が問題なのかを冷静に分析して今後に役立てる。
・意識的に気分を切り替える——仕事・役割として割り切る、意識的に切り替える、会社を出たら忘れるようにする。
〝大きな箱〟をイメージし、その中に自分からストレスを切り離して捨てるようにするなど。

意識して切り替えるよう努力します。固執しては引きずられてしまうので、ネガティブな気分を切り替え、ポジティブな考え方をするように自分を奮い立たせて、前向きに考えていかねばならないのです。（病院看護師長）

この「仕事・役割と割り切る」という対処行動について、ホックシールドも「仕事・役割であると割り切る」ことがバーンアウト（燃えつき症候群）を回避するうえで非常に大切である、と次のように強調しています。

「もし、あなたが何も悪いことをしていないのに、お客様があなたにガミガミいうことがあったら、その人が責めているのはあなた自身ではない、と思いなさい。責められているのはあなたの制服であり、デルタの客室乗務員としてのあなたなの。個人的なこととして受け取る必要はないわ……。」[53]

このように多くの人が個人レベルでストレスへの対処に工夫・努力しており、ある一定の効果は出ているように思われます。また、組織によってはメンタルヘルス室などもあり、Ｗｅｂ上でも「こころの耳」[54]などにストレスに関する情報が提供されており、相談機関の案内もあります。ただし、最後に記述した、大きな箱をイメージし、ストレスを入れ続けていても、〝箱の容量〟を超えて溢れ出したとき、すなわち過度の感情的負担や情緒的消耗などが頻回に発生し、日常的に継続される状況では、本人の努力や頑張りなど個人的レベルでの対処はもはや限界

53. ホックシールド（2000）邦訳　p.126
54. 「こころの耳」働く人のメンタルヘルスポータルサイト　http://kokoro.mhlw.go.jp/

と言えます。

そこで、個人レベルでは対処しきれない状況に陥る前に、あるいは陥ってしまった後にチームのサポート、組織による感情労働マネジメントが重要になってきます。職場のメンタルヘルス対策に関する研究でも、従業員個人を対象とするものと組織を対象とするものと2つの方法が紹介されています。

前者は、従業員個人がストレス耐性を高める方法を身につけることであり、後者は組織の対応として、ストレスの原因となる状況を整備・変更し、個人のストレス反応が起こらないようにする方法です。どちらも必要ですが、ソニーコーポレートサービスの島津美由紀氏[55]は、前者は効果が一時的・限定的になりやすい傾向にあるのに対し、後者の組織の対応はより永続的な改善に結びやすく、その効果が大きいと指摘をしています。

次に、効果が大きいと指摘された、チーム、組織の対応を見ていきます。

(2)チームレベルの支援

一定の〝箱の容量〟を超えないために、日ごろから個人レベルでの適切なストレス

55. 島津美由紀（2010）「職務満足と組織の活性化」藤森立男（編著）『産業・組織心理学―変革のパースペクティブ』福村出版　pp.144-158

発散・解消が必要であると述べましたが、相手のために一心に対応するうちに「深入り」し（第4章）、本人の自覚がないままに個人の許容範囲を超える過剰な精神的負担を抱えてしまうことも少なくありません。そのためにも身近な同僚・上司の日常的かつ意識的なコミュニケーションと見守りが非常に大切です。対人サービス従事者がストレスをため込み過ぎないために、日常的に上司やチームメンバーからの共感、助言、励まし、慰めなどが精神的負担の軽減に有効であると、ヒアリング調査でも多くの人が回答しています。

さまざまな研究からも同様の指摘があります。コールセンターの職場環境特性とストレスの関係性について感情労働の観点から調査を行った石川邦子氏[56]は、「職場において上司・同僚のサポートが得られない場合、ストレス反応は高まる」とし、周囲の適切なサポートの重要性を指摘しています。既述のように久保教授も、「職場の上司・同僚の気づきと助言が何よりも重要であるとしている」[57]としています。

では、チームでは具体的にどのようなサポートができるでしょうか。ここでは、①関わり合いと癒し、②「笑い」とリセット、③元気・やる気の醸成、の3点を紹介します。

56. 石川邦子（2010）pp.43-58.
57. 久保真人（2007）pp.61-62

①関わり合いと癒し

感情労働の行使による疲弊、仕事で感じている葛藤などを安心して吐露することができ、相互にフォローし合える関わり合いが大切です。同じ職場で働いているのにもかかわらず、同僚の変化に気づかず、精神疾患などに至ることを未然に防ぐためにも重要です。当然、守秘義務は厳守ですが、同じチーム・メンバー同士が本音レベルでわかりあえることにより、協力や助け合いが自然にできるようになります。

チームは、精神的疲労を癒す場、学びの場、元気になる場として機能しています。問題やストレスを一人で抱え込まないようにチーム全体でフォローしています。今日のお客様はこうだったなど、自分の感じたこと、疑問に感じたことなどをチームメンバーに話し、共有する中で、自然にストレスが発散されるなど、相互支援の場になっています。（航空機客室乗務員）

---

②「笑い」とリセット

医療の現場で「コーピングユーモア」の重要性を指摘する声があります。「コーピング」（coping）とは対処（行動）のことです。長年ホスピスに携わってきた淀川キリスト教病院の柏木哲夫理事長は、コーピングユーモアの効用について次のように説明しています。

「ストレスフルな状況において笑ったり、おもしろみを見つけだすなど、笑いやおかしさに関わる対処の仕方で切り抜けることを指す。いったん、脅威と見なされた出来事に対して、視点転換によるそれへの適応を行うということである。」[58]

また、ユーモアが持つ「自己距離化」という効果について、精神医学者のV・フランクルの次のような言葉を紹介しています。

「一見絶望的で逃れる途が見えないような状況においても、ユーモアはその事態と自分との間に距離をおかせる働きをする。ユーモアによって、自分自身や自分の人生を異なった視点から観察できる柔軟性や客観性が生まれる。」[59]

このコーピングユーモアは、医療の現場に限らず対人サービスのさまざまな現場でも有効です。感情労働の行使により精神的に行き詰まったとき、自分の力ではどうしても解決できないようなとき、チーム内で生まれるユーモアや笑いは、一瞬にして重圧から解放し、物事を新しい視点からとらえるゆとりを生むきっかけになることがあります。関西大学名誉教授で笑いの研究者でもある木村洋二氏は、次のように述べて

58. 木村洋二編（2010）p.140
59. 前掲書　p.140

います。

「笑いこそが人間の精神を成り立たせている重大な基本メカニズムです。それは笑いの機能が、『ある』と思っていたことが『なかった』ときに精神を『リセット』することにあるからです」[60]

チームがユーモアにより笑いが醸し出される場になるとき、感情労働による精神的疲弊は軽減され、閉塞感から脱するきっかけになることがあります。

・同僚や上司からのユーモアは特に心身ともにハードな仕事には欠かせません。心を潤します。（ホテルコンシェルジュ）

・社長は、仕事や会社に楽しみやおもしろみを持ち込もうとしています。（タクシー会社会長）

---

③元気・やる気の醸成

精神的疲弊が軽減し、もう一度、顧客に喜んでいただこうとする新たな想いが湧き起こり、仕事への意欲を取り戻すきっかけに、チーム力は大きく貢献します。ヒアリ

---

60. 前掲書 p.228

グ調査では、「チームメンバーと共に大変さを分かち合うことで、さらにやる気が出て、心を込めた顧客対応を行う原動力になる」という多数の回答がありました。チーム内のメンバー同士の良好な関係が元気の源泉のようです。

・チームのメンバーと和気あいあいで仲が良く、話している間に笑いも起こります。心身の疲れが和らぎ、元気が回復し、やる気が出ます。（タクシー乗務員）

・メンター制度があります。相談ごとや悩みがあった時は、職場から離れて喫茶店で、メンターである先輩が親身に話を聞いてくれます。（旅館従業員）

(3) 組織レベルの方策

①クレーム対処のための専門組織の設置

クレームに関する情報共有、顧客対応・サービス向上のための施策など部門を超えて組織の課題として共有し、対応策・解決策を検討し提案することを目的とした組織です。現場で発生したクレームやトラブルなどを対人サービスを行う個人だけに負わせるのではなく、組織的な課題としてチームの中で取り上げ検討し、組織として相手（顧客、患者など）に対応します。この組織の例として、企業などでは「お客様対応窓口」がありますが、病院としてクレーム対応などを行う組織を設置している例があります。

第6章の川越胃腸病院の例で詳述しますが、さまざまな経験、スキル・知識を持つ人材が各部署から選抜され組織された横断型のクロスファンクショル・チームとして、クレーム対応はもとより、クレームが起こりにくい仕組みづくりなど、組織全体に関わる課題解決にも取り組んでいます。

②心をケアする環境（場、時、人）づくり

職場の中に気持ちを切り替えられる空間、一人になれる場所、心を癒して回復するための休暇、普段の辛さを聴いてくれる人が必要になります。

緩和ケア病棟に5年いましたが、いた年数と同じくらい心が回復するのに時間がかかりました。視察で訪問した海外のホスピスのように自分の受け持ちの方が亡くなったら1週間休みが取れる制度があればよいと思います。自分を取り戻す

にはある一定の時間を要します。思い切り泣ける部屋、緩和ケアする人をケアする仕組みが必要です。（緩和ケア病棟看護師）

緩和ケア病棟は、特に心身ともにシリアスな現場かもしれません。しかし、一般的な企業でも、心身を回復させることができる環境が必要です。たとえば、ある旅行会社では、接客対応者が一人になって休むことができるよう小さな個室を複数用意しており、癒しの場として機能しています。

3．方策の実効性を高める3つのポイント

ここまでレベルごとに具体的な対応策を検討してきましたが、各々が実効性を持って機能するためには、①健全に機能するチーム、②キーパーソンの存在、③経営トップの信念の3点が必須となります。

①健全に機能するチーム

感情労働の行使には、個人の努力はもとより、同僚・上司、管理者（ミドルマネジメントなど）の協力と支援が欠かせないことは既述した通りです。しかし、現実は、チームが人間関係の軋轢や上司からのパワー・ハラスメントなどの問題を抱え、機能していないことも少なくありません。厚生労働省の「職業生活におけるストレスなどの原因」調査（平成24年）[61]によると、「職場の人間関係の問題」（41・3％）が最も多く、労働者の4割以上が強い不安、悩み、ストレス感じているという結果が示されています。これは、「仕事の量の問題」（30・3％）、「仕事の質の問題」（33・1％）を上

61．厚生労働省　平成24年　労働者健康状況調査

回る数字です。また、前出のWEBアンケート調査では、相手から否定的反応を受けて精神的に疲弊している人への支援について、「同僚・上司、管理職などとの関係が悪く他の人の動向に無関心で、特に支援はない」と、約20％の人が回答しています。ヒアリング調査でも、チームがプラスに機能するだけではなく、むしろマイナスの作用をおよぼす実態が数多く聞かれました。

この場合、対人サービスを行う人は相手への感情労働の行使に加え、チーム内の軋轢もあり、精神的負担は倍増します。機能しないチームを機能するチームに変えていくことは極めて重要です。

そこで、最初にⅰ機能していないチームの実態を示し、ⅱチーム・リーダーの役割を確認し、そのうえで、ⅲチーム力回復・向上・強化のための施策を紹介していきます。

ⅰ機能しない（マイナス機能）チームの実態

・お客様からの理不尽な要求にはもちろんストレスを感じましたが、それと同じくらいチームの人間関係の軋轢で精神的に消耗しました。同僚の中には、人間

関係に過敏となりストレスが溜まって突然休んでしまう人もいました。（航空機客室乗務員）

・ご遺族への対応は心を尽くして対応しており、高い評価を受けています。でも、そういう人ほど、チームの人間関係に悩んで辞めていきます。（葬儀会社経営者）

・患者の病状が重く業務がきつい現場よりも、職員同士の人間関係が悪い職場の方がストレスが大きいです。（病院看護師）

さらに、チーム・リーダーである上司が、ハラスメントなどでメンバーのストレスを増幅させる原因となっているケースもあります。

・同僚同士は、親身に励まし合う仲間であり、感情労働によるストレスも緩和され助けられました。でも、直属の上司に仕事上の相談をしても反応がなく、長年にわたり、一度も協力やサポートはありませんでした。むしろ、嫌がらせを受けることも少なくなく、精神的疲労が積み重なりました。心身ともにバランスを崩し、仕事は好きで続けたかったのですが、残念ですが離職しました。（ホテル従業員）

・一番のストレスは上司からのパワー・ハラスメントです。心理的圧迫は大きいです。毎日ですから。（小学校教諭）

チームおよびチーム・リーダー（上司・管理者も含む）が健全に機能していない（むしろマイナスに作用している）事例を紹介しましたが、なぜ機能しないのでしょうか。チーム内のコミュニケーション不足、チーム・リーダーが自らの役割を理解していない、リーダーとしての訓練を受けていないなど、さまざまな要因が考えられます。ここでは改めてチーム・リーダーの役割について確認します。

ⅱチーム・リーダーの役割

組織、チームなどの規模・権限などによりチーム・リーダーの役割は異なりますが、ここでは一般的な管理監督者の役割も含めて考えます。

【チーム・リーダーの役割】

・業務の達成（メンバーへの仕事の割り振り・進捗の管理、メンバーの育成など）
・良好な人間関係の保持（対人間の調整・維持、メンバーのやる気の醸成など）

・目標、意味の共有（チーム目標、仕事の意味、各人の役割の明確化および共有など）62

先の事例に挙げたホテルや小学校の上司は、自らの役割について、理解と認識が欠如しているように思われます。ただし、こうした事例はヒアリング調査で聴くかぎり、決して少なくありません。そのために、チームが健全に機能しているか、チーム・リーダーが本来の役割を果たしているかを見守り、状況によっては、直接関与しテコ入れを行う存在（②キーパーソンの存在）が必要になります。

ここでは、チーム力をより強化・向上する、また、軋轢のあるチームの人間関係を良好なものにするための方策について事例を基に検討します。

ⅲチーム力回復・向上・強化のための施策

a．仲間意識、協力意識、一体感の醸成

多くの組織でチーム力強化・向上のために、研究会・勉強会、朝礼・ミーティングでの情報共有が行われています。加えて、誕生会、運動会、社内旅行、お花見など年間を通した行事イベントなどを企画、実施している事業体もあります。専門知識の学習はもとより、次の例のように、チームメンバー相互のコミュニケーションの促進、

62. 内野崇（2015）p.322

相互理解、相互信頼の基盤づくりなど仲間意識、一体感の醸成に寄与するからです。

・普段は、職員同士はあまり会話が出来ないのです。横のつながりがないので、利用者への接し方などでイライラすることがあるのです。そこで他の職員ともわかりあえる場所をつくりたいと思い、休日に職員みんなで山や川に行って釣りやバーベキューをし、積極的に関わり合うようにしました。そうすることで職場の雰囲気は変わりますね。何かあれば私がやります、と気づかないこともお互いカバーしあうことが増えてきています。（知的障害者授産施設指導員）

楽しさ、ワクワク感のある研修を通して、一体感・仲間意識を醸成し、そのうえで援助技術の向上を目指している児童養護施設があります[63]。この施設では、楽しさ、笑い、遊び心を援助職員向けの研修（オリエンテーリングなど）に取り入れています。児童養護施設は非常に難しいケースを引き受けており、どんなに考えても必死になってもどうすることもできない状態が日常的に起こっていると言います。そのような現場だからこそ、研修に「遊び心」を取り入れています。遊びを通して自然に笑顔になり、コミュニケーションも円滑になります。チームメンバーが知恵を出し合い、課題

63. 松原宏融他（2012）pp.14-18

解決に向け、創意工夫していく過程を通し、チームの連携や親睦を深め、加えて援助技術の向上を図ることが研修のねらいです。

キャリアも性格も違う職員集団がチームとして一緒に同じ目標に向かっていくことにより、親交・相互理解が深まり、ひいてはチーム力を向上させることができると言います。大変な現場だからこそ、そこに楽しみを見出すことを忘れないワクワク感のある研修が意味を持つのであり、その成果は課題のある児童に対する感情労働にも反映されています。

b. 相互理解と信頼の関係づくり

あるチームでは、業務ミーティング終了後の短時間を利用して、チームの各メンバーが今、困っていること、悩んでいることなどについて公私を問わず率直に話す「弱さの情報公開」のひとときを定期的に実施しています。開始当初は抵抗感のある人が多く、機能しませんでしたが、リーダーの粘り強い声がけが奏を功し、徐々に発言する人が増えていきました。

各個人が抱いていた弱みを見せることへの警戒感、孤立感が徐々に解消され、メンバー同士が本音で話せるようになり、相互に協力・支援し合える関係が築かれたと言います。「弱さ」をどうしても言いたくない人には、「強さ」の情報公開をお願いしたそうです。

また、強いチームになるためには、「正直で助け合える組織」が重要であるとし、「自分の能力をチームに還元する力」「他人の良いところを素直に認め吸収する力」を評価の基準にしているリーダーもいます[64]。

②キーパーソンの存在

本書で言う「キーパーソン」とは、前にも少し触れましたが、チーム、メンバー、組織全体が健全に機能するよう、チーム・リーダーとは異なる立場で見守り、補佐し、支援する２つの役割を担う存在を想定しています。

ｉチーム力向上のための見守りとサポート

ⅱチーム・リーダーの補佐的役割

・チームが機能していないとき（リーダーのハラスメントなど）のセーフティネット

・経営トップの想いを共有し、その真意や価値観（サービスコンセプトなど）を現場の隅々にまで浸透させる〝通訳者〟でもあり〝伝道者〟

チームが機能して成果を出すためには、チームメンバーを支援し、目標達成しようとする意志を持ったチーム・リーダーの存在が欠かせません。キーパーソン（一人と

64. 浅井浩一（2013）pp.236-238

は限らない）はこのチーム・リーダーを補佐します。ただし、チーム・リーダーが機能しないとき、チーム・メンバーを代わりに守り、支え、上位管理監督者、経営幹部に状況を伝え、しかるべき対処を依頼します。キーパーソンは組織の規模にもよりますが、管理監督者、経営幹部などがその役割を担います。

チームの中にこの役割を自発的に担う人が現れる場合もありますが、指名されることもあります。専門性の異なる複数の人が連携しながらこの役割を担う方が、効果的であり、かつひとりの精神的・能力的負担を軽減する観点からも望ましいと言えます。

・リーダーや管理職はなるべく館内を歩いて、客室係のいいところを探してくださいとお願いしています。客室係は担当のお客様に全神経を集中させているのでお互いのことに目を配って、褒め合うということはなかなか難しいのです。これは、上に立つ人の仕事です。（旅館女将）[65]

・私の仕事は所内を回り、お客様はもちろんのこと従業員の様子を見守ることです。従業員が元気がなかったり様子がおかしいときは声をかけ、話を聞くようにしています。（自動車教習所所長）

---

65. 日経 BizGate（2016年１月20日閲覧）http://bizgate.nikkei.co.jp/series/009474/index.html

次は小学校の例ですが、以前は教員同士の関係は希薄であり、協力し合うことが少ない職場でした。その状況に校長が問題意識を持ち、信頼性の高い面倒見のよいひとりの教師（キーパーソン）に職場改善のために協力を仰いだ例です。この教員は校長と問題意識を共有し、粘り強く周囲に声をかけ働きかけた結果、相互に協力し合い学び合うチームに生まれ変わりました。

職員室の真ん中にある小さいテーブル（ここではちゃぶ台と言っています）に、声がけをしていくうちに短い時間ですが、徐々に忙しい先生たちが集まってくるようになりました。そこは、新任の教員がボソッと口にした、保護者からのクレームで悩んでいること、児童の接し方で戸惑っていることなどに対し、自然に他の先生たちが自分の経験や対応の仕方などをアドバイスしたり、フォローし合う場になっています。自らの対応を振り返り、気づきの場にもなっています。ひとりで抱えていた感情労働から生じた精神的負担が少し和らぎます。ホワイトボードを使って問題点などをみんなで共有し考えるなど、自然に協力し助け合うようなチームになりました。（小学校教諭）

[図表13] キーパーソン、セーフティネット

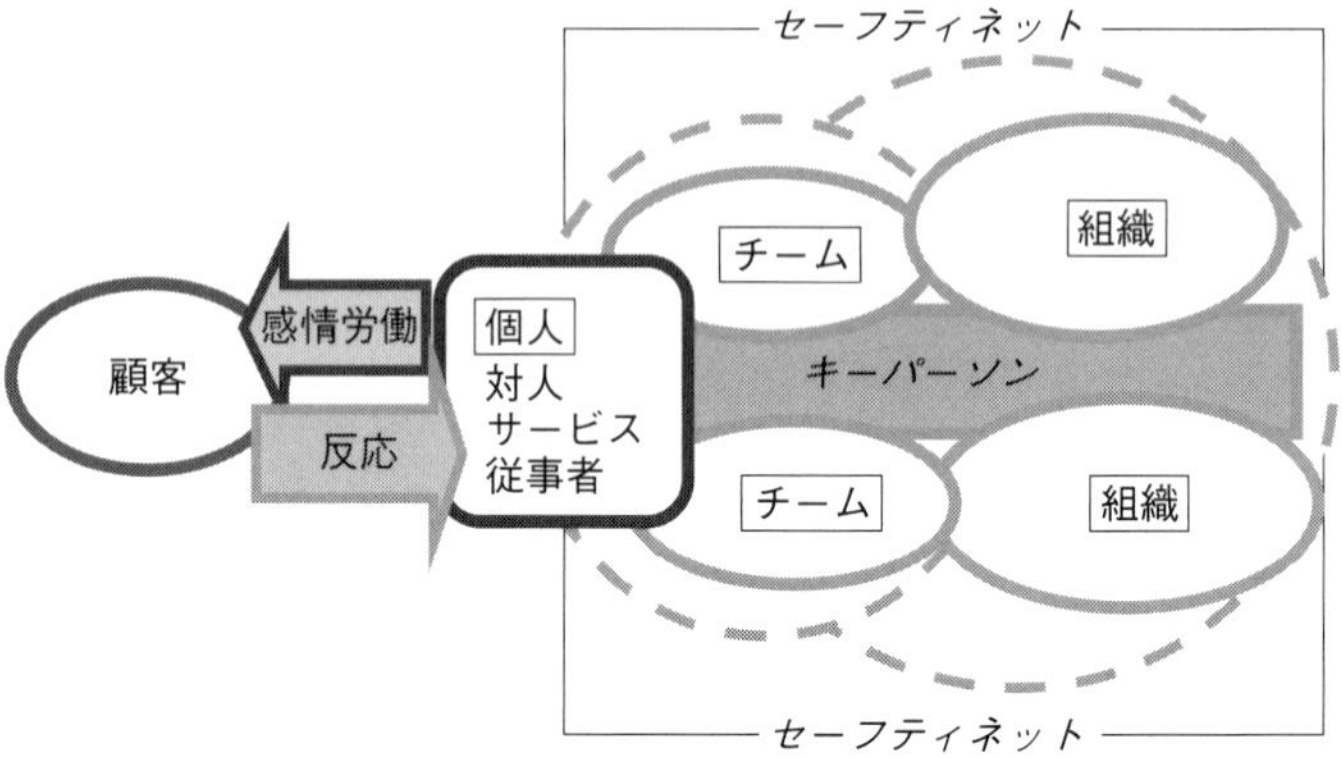

筆者作成

残念なことに、チーム・リーダーを管轄する管理者自身が本来の役割を果たさず、むしろ弊害になっている例（パワー・ハラスメントなど）もあります。そうした場合は他の部署の管理者や経営幹部などが見守り、状況によってはチームの機能回復のために直接的に関与する必要があります。

すなわち、二重、三重にセーフティネットの仕組みを考えることが大切です。状況によっては次のように中立的な機関（メンタルヘルス室、外部産業カウンセラーなど）からの関与・支援が必要になることもあります。

・どうして同じ支店から入れ代わり立ち代わり複数の若い人が精神的に疲弊して相談に来るのだろうか、と疑問に思っていた。そこでその支店に行ってみたところ、支店長、その他の管理職も全員が下（机の書類）だけ見て仕事をしており、周囲の部下の様子に注意を払っている様子がまったく見られなかった。（銀行メンタルヘルス室室長）

ただし、外部機関の関与は一時的、個別的な解消に留まることもあり、組織全体の課題としてチームの機能を根本から改善するためには、組織として積極的かつ直接的介入が必要になります。最後の砦とも言えるセーフティネットは経営トップです。

③組織トップの信念

i 経営安定の維持

組織的支援の前提としてやはり経営が安定していることが必須です。第６章の事例に挙げた企業、病院は経営努力の結果、共通して好業績を上げています。

ii 経営理念、サービス・コンセプトの徹底浸透

顧客に提供する真の価値は何であるのか、組織の全員がその「想い」を共有し、徹

底浸透することは、非常に重要です。特に、最前線で顧客に接する対人サービス従事者にとっては、対応する際の判断基準にもなります。経営トップ自身が強い信念を持って経営理念およびサービス・コンセプトを現場の隅々にまで粘り強く浸透させることが重要です。そのためにも、トップ自らがモデルとして経営理念を具現し、率先垂範することが浸透促進の決め手になります。

1万回、それ（経営理念、ルール）を口にしてこそ浸透するのです。（タクシー会社経営者）

iii組織風土、職場環境の整備

職場風土に関する研究調査[66]から、健康な職場の特徴として「グループ内およびグループ間の対人葛藤が少ない、上司の支援が高い、職務満足感が高い、精神健康度が高い、役割の曖昧さが少ない、役割葛藤が少ない、同僚の支援が高い（一部抜粋）」という結果が示されました。これらの特徴はまさに感情労働の行使から生じる否定的側面を軽減し、肯定的側面を増大させるうえで欠かせない点です。

ただし、このような健康的な職場風土になるまでに数十年を要した組織も少なく

66. 福井里江・原谷隆史他（2004）p.216.

なく、経営トップが優先的に取り組むべき課題とも言えます。また、前述のように対人サービスはその特質上、相手へ対応を行う過程で役割の曖昧さ、責任の範囲が不明確になりやすく、無定量、無制限のサービス提供を求められる職場環境でもあり、この点への整備も必要となります。

ⅳ経営トップの信念・姿勢

最後に何よりも重要なのは、経営トップが社員を大切にする想いがあるかどうかです。この強い想いが感情労働に対する組織的支援の原動力となり、決め手になります。実際、事例（第6章）で取り上げる組織の経営トップ全員が、「顧客満足のためには、まずは従業員満足」という信念をもって経営を行っています。

もっとも、従業員だけでなく、取引先、地域住民、株主などを大切にしながら好業績を上げています。顧客からの常軌を逸した理不尽な要求に対して、従業員を大切にする方針から断固とした姿勢で対応する経営トップもいます。

［図表14］ 感情労働への組織的支援 ― 三層支援体制

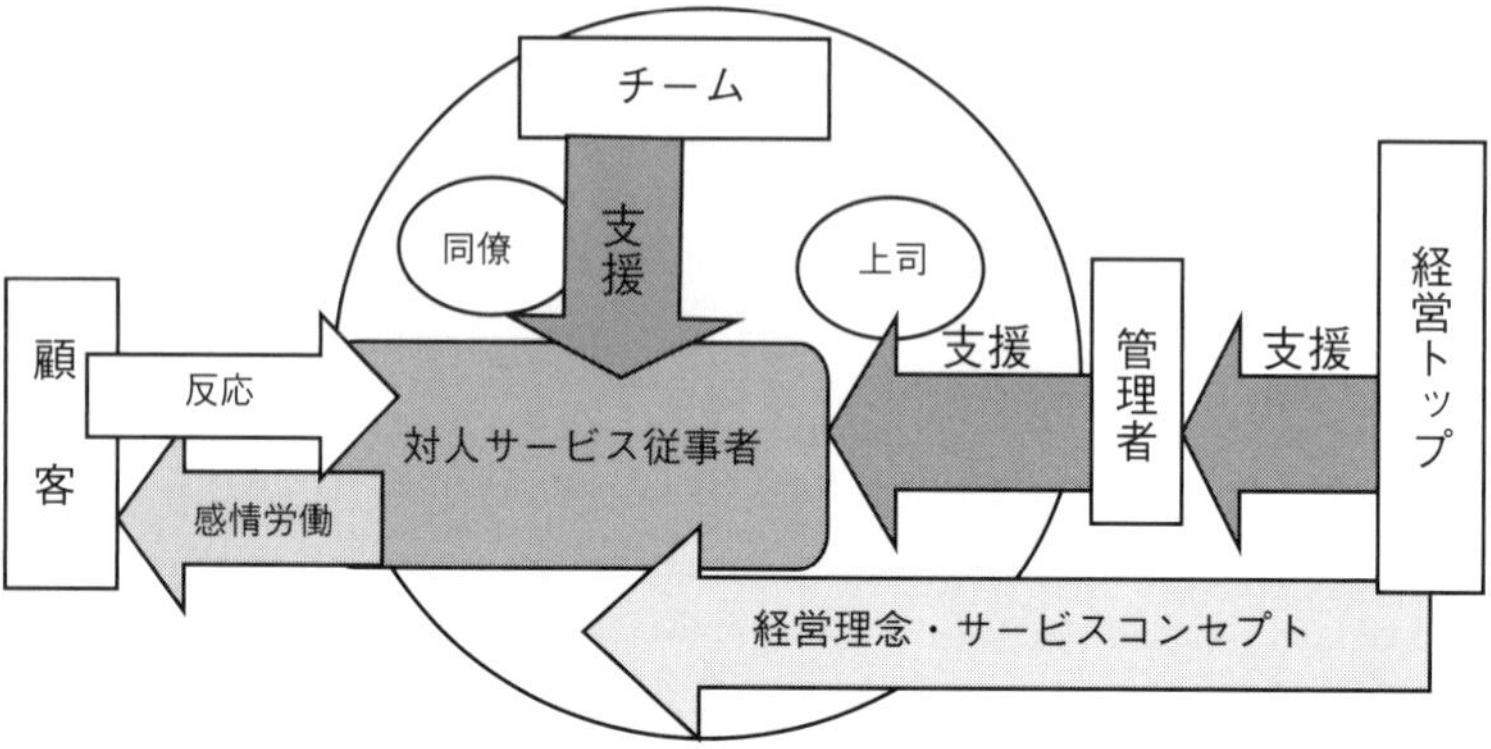

筆者作成

4. 感情労働を支える三層支援体制

ここまで事前対応策・事後対応策を個人、チーム、組織のレベルごとに紹介してきました。最後にまとめとして感情労働への組織的支援の枠組みを提示します。

組織的支援の全体像は、個人および個人を支援するチーム（上司・同僚）、チームを支援する管理者、さらに前二者を強力に支援する経営トップの三層支援体制となります（図表14）。

感情労働を行使する個人に対しては、チーム（同僚・上司）、管理者（ミドルマネジメントなど）の協力と支援は欠かせません。この支援には、人間関係の軋轢などで機能しないチームへの直接的な関与・介入を行うキーパーソンの存在も含まれます。

さらに管理者の背後には、管理者や現場の対人サービス従事者を見守り、強いリーダーシップを発揮して、方策の推進を支援する経営トップの存在があります。組織レベルの仕組み・制度が実効性をもって機能するために、強力なセーフティネットでもある経営トップの支援と見守りは最も重要です。

第6章

マネジメント事例に学ぶ三層支援

1．事例

◇中央タクシー株式会社[67]

【組織概要】

設立	1975年
資本金	6000万円
売上高	15億円（平成25年度）
事業内容	タクシー事業・貸切バス企業（小型） 空港送迎・運転代行タクシー　旅行事業
従業員数	225名（うち乗務員175名）
経営理念	「お客様が先、利益は後」
特記事項	離職率はゼロに近い 採用条件は未経験者、前向きな人 約90％がリピート客

67．本事例では、同社代表取締役会長、代表取締役社長にヒアリングを行った。

国土交通省はタクシー事業について、人材確保・育成策などを含めて事業活性化に積極的に取り組み、現下の課題や利用者ニーズの多様化に的確に対応することが必要であるとし、２０１６年1月に「新しいタクシーのあり方検討会」[68]を設置して、議論を行ってきました。その成果である「中間とりまとめ」には、今後の講ずべき施策のひとつとして「人材の確保と育成」が挙げられており、「運転手のサービス向上を通じたイメージ改善」が指摘されています。

こうした動きが始まる40年以上前の１９７５年に中央タクシー株式会社は、挨拶も行わない当時のタクシー業界に疑問を感じ、「お客様本位の理想のタクシー会社を創ろう」という夢に向かって設立されました。「タクシーはサービス業」と位置づけ、売上よりもお客様に喜ばれるサービスを優先する「お客様第一」の理念を貫いてきました。

実際、新人教育マニュアルにも基本的考え方として「能率効率で仕事をしない」と記載されています。「自己紹介・ドアサービス・傘サービス」など、他社がやっていないサービスを創り出し、徹底して行っています。その結果、親切なタクシーとしての評判が広がり、売上の８割がリピート客などの電話注文であり、同業他社に売上高で大きな差をつけています。現在も、お客様のニーズの変化に合わせ、「どうしたら

68. 国土交通省「新しいタクシーのあり方検討会　中間とりまとめ」2016年。http://www.mlit.go.jp/common/001101750.pdf（2016年12月24日閲覧）

お客様に喜んでいただけるのか」を念頭に置き、さまざまな施策に取り組んでいます。介護タクシー、乗合の空港便など規制緩和に向けて新サービスもスタートしています。

同社の乗務員が行う感情労働は次の通りです。

①お年寄り、体の不自由なお客様（感性が鋭く、敏感な方が多い）も多く、介助的対応も少なくありません。ゆっくりとした動作などを忍耐強く、おもてなしの心で温かく気遣いを持って対応することが期待され、顧客に安心感・安堵感を抱いてもらうことが求められます。

②90％以上はリピート客であり、表面的な笑顔などの表層演技はむしろ有効ではなく、気づき、共感をベースにした家族のような親しみやすい雰囲気を醸し出す「寛ぎ感」のある対応が求められています。

こうした感情労働に対して顧客から、笑顔や感謝の言葉、「私は（中央タクシーに）乗って幸せを感じます」など、数多く礼状が届きます。

タクシー業界はいまだサービス向上が議論される状況ですが、同社はなぜこのような肯定的反応を受けているのでしょうか。その要因を検討します。

(1) 採用基準の変更と募集人材の明確化

同社も創立後しばらくは乗務員の姿勢・態度、マナーなどに多くの課題を抱えていました。そこで、１９７９年頃より経験者は採用せず、未経験者のみ採用する方針に変更して、新人教育の研修から同社の経営理念を徹底的に浸透させるようにしました。求める人材像[69]を、職場の人間関係を大切にする人、成長しよう、向上しようという気持ちを持つ前向きな人、気持ちの良い挨拶ができる人、人に優しくできるという人柄の人、「できません」よりも「どうしたらできるか」を考える人、などと明確にしました。

新人教育期間は２週間あり、座学は管理職が、実務教育は主に係長が担当します。同社の「新人教育マニュアル」は、会社概要やタクシー業務関連の専門的な技術・知識の他に、愛情運転、あいさつ言葉、接遇の言葉、サービスの基本、ドアサービスなど、同社のサービスに対する考え方がしっかり盛り込まれた内容になっています。

次はその一部です。

69. 出所：中央タクシー株式会社 HP　採用情報より一部抜粋

〈あいさつ言葉の効用〉

・とても良い感じが漂う――お客様との人間関係をよくする
・親しみやすい雰囲気を醸し出す――お客さんに安心感を与える
・まじめさや誠実感を与える
・良い接客（おじぎや動作）
・好ましい表情（笑顔など）
・車内でのコミュニケーション効果を高める

採用方針を明確にした結果、採用段階でサービス・ホスピタリティの資質のある人材が徐々に集まるようになり、採用後の教育・研修、チームでの活動を通して同社の理念、お客様第一が浸透し、その精神が行動となって表れた結果、顧客から肯定的反応を得る要因になったと言えます。

(2)理念を徹底浸透させる教育・研修

①朝礼

ドライバー、オペレーター、総務も含め、朝礼で理念や方針を唱和しています。

発声練習もあり、笑いのある家庭的な雰囲気で行われます。

②研修会

月に1回、各係が交代で研修会および懇親会を行います。テーマに応じたディスカッションもあり、積極的に取り組んでいます。社内の良好な人間関係を重視し、従業員同士のコミュニケーションの場として、相互に良いところを褒め合うワークやコーチングの手法も使います。ホスピタリティ性を十分に発揮するために、コミュニケーション力、対人力は必須であり、研修会などでもスキル向上に注力しています。

③班単位の研修

配車センターの下位組織として班（チーム）があり、1班につき乗務員10数名が所属し、現在15の班があります。各班はリーダーである班長の下、朝礼や接客技術向上の為のＯＪＴ研修会・勉強会などを通し、経営理念の具現化を図っています。目や体の不自由な方への介助の仕方などをロールプレイングでも学び合います。

教育・研修の一部として、乗務の時間帯などが各人異なる中、お客様へのよりよいサービスを目指し、相互によく協力し合い熱心に取り組んでいます。この研修の成果が、顧客からの肯定的反応を受ける要因と言えます。

(3)チーム力

班（以下、チーム）は相互に学び合い支援し合う仲間意識の醸成および向上心を持ち、サービスの質を高め合う場として機能しています。

たとえば朝礼終了後、乗務に就く前にメンバー全員でハイタッチし、士気を高めたり、メンバーの誕生日に皆で祝福するなど、各チームは仲間意識の醸成に努めています。

また、新人の車が道に迷っていたら、近くを走行中の先輩がすぐ現場に飛んでいき、誘導します。その間、自分の売上はありませんが、仲間を優先します。感情労働から生じる精神的疲労などは、仲間との情報交換や笑いの起きる和やかな雰囲気の中で軽減し、リセットされます。

一方で、メンバー同士で知識や経験、知恵などを教え合う中にも、向上心を持たないと「仲間においていかれる」という緊張感（ピア・プレッシャー）があり、互いに切磋琢磨する職場環境です。お客様と接する中で少しでもいいことがあったら、そのエピソードを記す「ハートフルカード」や、同僚の良い行いや働きかけに感謝を示す「ありがとうカード」が社内の壁一面に貼ってあります。

これらは、社員同士の円滑なコミュニケーションや人間関係づくりに役立つとともにに、同僚のカードから気づきを得て、自らの言動を省みるきっかけにもなります。チームはもとより社内全体のサービス意識を高めるうえで、これらのカードは非常に有効です。

サービスの質を高める教育・研修の場、相互に励まし合い切磋琢磨する場、精神的疲労を癒す場としてチームがよく機能しています。さまざまな仕組みでチーム力向上が図られていますが、この高いチーム力も肯定的反応を得る要因のひとつです。

(4) 一定の裁量権の付与

乗務員には、前述した３つの基本動作「自己紹介」「ドアサービス」「傘サービス」は義務づけられています。

たとえば、「ドアサービス」は、すべてのお客様に対して乗降の際、その都度運転席を降りてドアを開閉することで、お客様の安全と感謝の気持ちを「形」に表すという趣旨で行われています。

基本動作以外の対応については、職務の特質上、乗務員の裁量に委ねられています。顧客の満足を最優先させるため、その場の状況に即応した判断と行動が求められますが、その際、顧客対応の判断基準となるのは、研修などで徹底浸透されている経営理念「お客様が先、利益は後」です。

結果として、お客様から感謝・感動の言葉など肯定的反応を直接受けることができ、精神的負担よりも〝やりがいや満足感〟を得ることが多くなります。売り上げ目標およびノルマは設定していないので、顧客がゆっくりした動作で時間がかかるときも、メーターを倒す（運賃に算入）かどうかは、乗務員個人の自主的判断・裁量に委ねられています。不測の事態に対しては、連絡システムがあります。

乗務員の裁量に対してはモニター制度があり、毎年、顧客１２００～１３００人（無作為に選ぶ）を対象として乗務員へのアンケート調査が行われています。お褒めの言葉も苦情などもすべて公表されますが、苦情を受けたとしてもペナルティはありません。お客様の本音とも言える言葉を通してサービスの質を上げることがモニター制度のねらいだからです。

この一定の裁量権の付与も、肯定的反応を得る要因のひとつと言えます。

(5)経営トップの高い志と強い信念

タクシーに乗客が乗っても挨拶もなく、ましてや「お客様」と呼ぶことすらなかった時代に、タクシーは「運輸業ではなくサービス業」と再定義し、革新的な「お客様主義」を提唱し、経営理念として「お客様が先、利益は後」を打ち出しました。経営理念を現場に浸透させていくには、浸透させる仕組みづくりはもとより、経営トップの高い志、強い信念に基づく粘り強い声掛けがあります。経営理念を浸透させ、現場の乗務員が理念を基に考え、判断し、実際の行動に移せるようになるまでには、日々、言い続ける努力と忍耐と粘り強さが必須です。経営トップの最後までやり抜く覚悟と我慢強さが人を動かし、ホスピタリティ溢れる風土を醸成していったと考えられます。

社員がいきいきと働ける会社をつくろう、という創業時の想いとともに、「幸せをもたらすサービスを提供しよう。タクシーの仕事というのはお客様の人生に触れる仕事である。お客様のことを思って一生懸命サービスしていたら、自分に感謝や感動という形で戻ってくる」などと従業員に切り口を変えながら語り続けたことも、経営理念の浸透を促進したと言えます。

・仕事に自信や誇りが持てれば向上心が湧いてくる
↓
・もっと自分の仕事を磨いていこうという気持ちが生まれる
↓
・それが仕事を貴いものに高めていくことにつながる

このサイクルを創り出せたことが、顧客からの肯定的反応を得る最大の要因と言えます。

[図表15] 中央タクシー株式会社の感情労働マネジメント

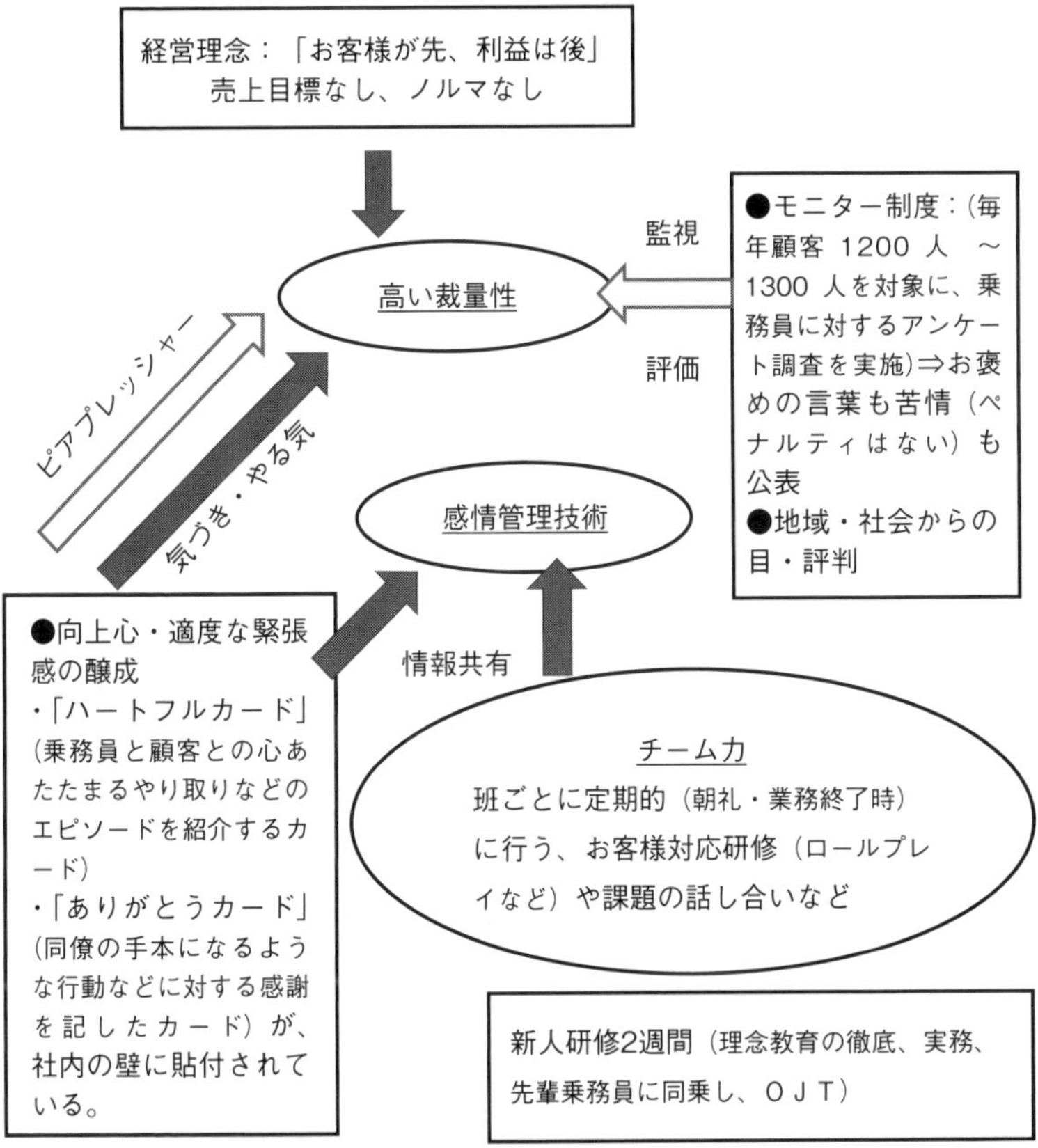

筆者作成

◇株式会社さくら住宅[70]

【組織概要】

設立	平成9年6月1日
資本金	9800万円
売上高	8億6000万円（2015年度実績）初年度を除き連続黒字経営
事業内容	新築・増改築・建築工事・建築企画設計
従業員	45名（パート9名含む）（2016年6月時点）
企業理念	「リフォームを通じて、社会のお役に立つ会社になる」
特記事項	顧客リピート率70％以上、お客様株主制度 経済産業省平成26年度「先進的なリフォーム事業者表彰」受賞 平成26年「日本でいちばん大切にしたい会社『審査員委員会特別賞』」 受賞他

70. 本事例では同社代表取締役社長、常務取締役へのヒアリングを行った。

一般的にリフォーム会社でトラブルやクレームが発生する原因として、①当初の契約内容などと異なる、②アフターケアが悪い、③ずさんな工事で見えないところに手抜きがある、④言葉遣いや態度など現場で働く人の礼儀・マナーが悪いなどが挙げられます。

この結果、生じた顧客の怒りや憤りなどの対応を営業担当社員などが感情労働を駆使して行うことになります。

一方、さくら住宅が顧客から受ける感情労働への反応は、99％以上がお礼や感謝の言葉など、肯定的なものです。同社の社員、職人は、顧客から笑顔、喜び・感謝の言葉を受けることにより、働く喜びや充実感、満足感を抱くことができ、リフォームなどを通して顧客の生活空間を快適なものにするために、さらなるサービス・ホスピタリティの向上へと意欲が高まります。まさに好循環スパイラルです。

では、なぜ、同社は感情労働に対して１００％近い肯定的反応を受けることができるのでしょうか。その要因を、同社の経営理念、経営トップの姿勢・考え方、仕組み・制度などから考えていきます。

(1)徹底的に浸透させる「経営理念」

同社の経営理念は、「リフォームを通じて、社会のお役に立つ会社になる」です。この理念が現場の日常行動に具現化されています。

たとえば、顧客からの「トイレが壊れた」「強風でガラス窓が壊れた」など、待ったなしの困りごとに対し、迅速・誠実に対応します。大半の会社はこうした小口工事はお金にならないという理由で嫌がり、断るか後回しにします。

しかし同社は、「それができないならリフォーム会社ではない」という信念のもと、お客様の要望には工事の大小に関係なく迅速に駆けつけるというサービス精神を貫いています[71]。小さな工事をきちんとやるうちに、大きな工事を頼まれるようになるなど、顧客からの信頼の積み重ねが同社の黒字経営につながっています。

このような対応をしている会社は、全国にある19万4500社のリフォーム会社のうち、たった2％に過ぎないと言います[72]。また、同社は日ごろ困っていてもなかなかできなかったちょっとした補修・修繕・交換も工事の「ついで」に引き受けてくれることも珍しくありません。これも顧客にとっては、満足・感謝につながります。

このように顧客の多様な要望に真摯に応える姿勢と迅速な対応が顧客からの信頼を得ることになり、喜びや感謝などの肯定的反応を受けるひとつの要因です。

71. 年間約1600件の工事のうち、5万円以下の小工事が全体の4割を占めている。
72. 坂本光司（2016）p.113

さらに、同社の「考え方」も明文化されており、従業員に共有・浸透され、顧客対応における具体的な指針になっています。

〈さくら住宅の考え方〉

・価格競争に走らない、適正価格を維持する。
・高品質と提案力で満足を得ていただく。
・アフター対応が迅速・丁寧。
・どんな小さな工事でも大切に対応する。
・どうすればお客様の役に立つか常に考えている。
・20年先を見越してリフォームの商品提案、施工をする。
・誰にでもわかりやすい提案をする。
・常に最新の商品知識を取り入れて提案する。

(2) 経営トップの姿勢・考え方――「五方良しの経営」と従業員第一主義

次の５人が幸せになる経営を実践しています。

ⅰ 社員とその家族
ⅱ 仕入先、協力業者

iii顧客（現在顧客・未来顧客）
iv地域住民
v株主　出資者

特に、iの社員を最優先に挙げ、iiの仕入先、協力業者を上位にしていることには大きな意味があります。「どうすればお客様の役に立つか常に考えている」という姿勢で親身になって顧客のニーズに丁寧に対応するためには、その前提として直接顧客と接する社員・職人が会社から大切にされており、当人も職務や職場に満足して愛着を持っていることが重要です。この前提があるからこそ顧客に心を込めて懇切丁寧な心にしみる最高のサービスを行うことが可能になるのであり、会社や上司に対して不平、不満、不信感を持っている社員はお客様に笑顔で感動的なサービスはできない、という趣旨です。この社員重視により、結果として顧客満足をもたらすという「五方良し経営」が肯定的反応を得る要因と考えられます。

・社員とその家族を大切にする
↓

・仕入先、協力業者を大事にする
↓
・お客様を大事にできる
↓
・良い仕事をしてくれる
↓
・その結果、お客様に喜んでいただける仕事を提供できる
↓
・リピート客、紹介客が増える
↓
・収益につながる
↓
・相互信頼が生まれ経営が安定する
↓
・会社が長く存続することでより長く安定したサービスを提供できる

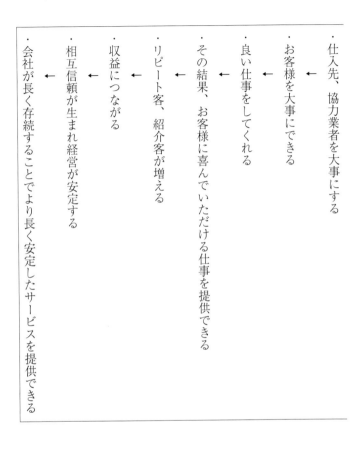

[図表16]「五方良し経営」具体例（一部）

		「大切にしている」例（一部抜粋）
1	社員・その家族	・経済的安定（年功賃金、年数回の賞与、報奨金など） ・人財育成とキャリア開発（教育・研修を重視） ・良好な人間関係（相互支援・協力、一体感） ・職場風土（風通しが良い、財務資料の開示） ・社内環境（心身共に健康で誰もが働きやすい環境） ・裁量権の付与（迅速に顧客の要望に対応できる） ・営業員（過酷なノルマや社員間競争がない） ・適正価格維持（割引交渉などの精神的負担が少ない） ・経営ゼミ（直にトップと率直に意見交換できる） ・従業員株主（経営参加、会社へのコミットメント） ・社員の家族を交えての懇親会（一体感、安心感）
2	仕入先・協力業者	・コストダウンを要求しない、現金かつ支払日厳守 ・研修機会の提供、職人の会「さくら会」の結成
3	顧客	小工事、お客様株主「さくらクラブ」（注1）
4	地域住民	「さくらラウンジ」無料提供（注2）、障がい者施設支援
5	株主・出資者	お客様株主制度

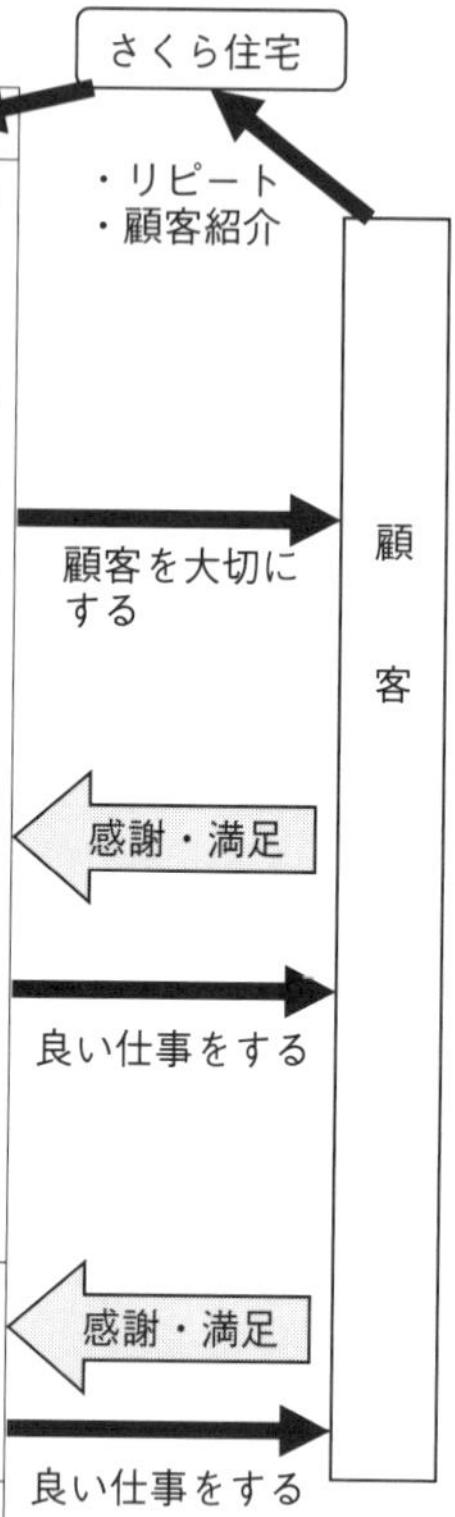

注1）入会資格は同社が施行したお客様であること。
　　　国内外のツアー・カルチャー講座などに参加できる。
注2）地域の人が無料で利用できるスペースを提供している。

筆者作成

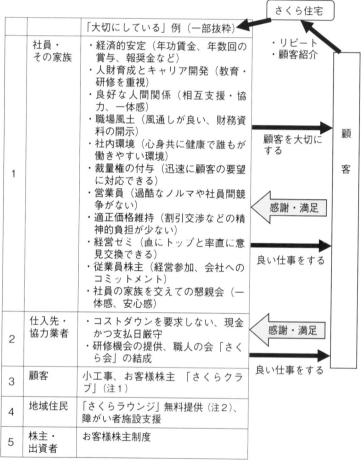

という好循環になります。

この背景には、無理な新規獲得に走るよりも、まずは丁寧なサービスの積み重ねが「さくら住宅」のファンをつくり、二度、三度と懇意にしていただくお客様が増えることにつながる、という経営トップの考えがあります。

(3)制度・仕組み

①教育・研修内容の充実と顧客対応能力の徹底指導

教育・研修を通して、社会人としての基本スキル・マナーを習得し、顧客に対応する際に必要となる「人間力」を向上させるための教育・研修を重視し、十分に時間をかけています。新入社員の場合、最初の１カ月は職種を問わず社内研修でしっかり学びます。４月、５月の２カ月間で約１７０時間を研修に使い、インテリアやリフォームに関する専門知識はもとより、コミュニケーション・スキル、ソーシャル・スキルを学びます。

先輩・上司も丁寧に対応しわかりやすい指導をしています。お客様に親切、丁寧、礼儀正しく対応するための基本を徹底的に学ぶことで、第一印象から好感を持っていただき、その後の顧客との関係を円滑に進めていくことが可能になります。この手厚い研修から得た学びと気づきが、顧客から肯定的反応を受ける要因のひとつです。

加えて、同社では週に一度、「経営ゼミ」と称して社長、専務と3～4名の社員（交代）で昼食をともにしながら、経営トップの考えや社員の意見を交換する場を設けています。互いに隠しごとをせずに和やかな雰囲気で行われ、その中から「人」としての在り方、顧客への接し方なども自然に学び考える機会になっています。また、風通しの良い組織風土の醸成にも寄与しています。社長が社員にレポート（社長の出題するテーマ）を課すこともあります。社員のほとんどが株主であり、一人ひとりが売り上げなどの財務関連の内容を共有しており、経営の視点を併せ持ちながら、会社を大切にする思いが培われています。具体的な研修内容は次の通りです。

ⅰコミュニケーション・スキル、ソーシャル・スキルの体得

顧客の要望をきちんと聞くための傾聴スキル、わかりやすく明快に説明する力、提案力などの他、お客様に好感を与える言葉の使い方など、顧客への同行訪問の場を通して実践的に学ぶ機会もあります。

職人（外部）の会（さくら会）でも、身だしなみ・挨拶・礼儀・マナーを徹底し、茶髪・ピアス、ラジオの使用は禁止するなど、現場でのマナーを徹底させていま

す。

ⅱ専門知識

プロとしての意識を持ち、常にお客様により良い商品を提案できるように、最新の情報や知識を学び、技術を磨き続けています。また、定期的に海外研修（イタリアなど）も実施され、視野を広げています。

このような教育・研修の機会を通して、良好な関係の構築方法、顧客ニーズの正確な把握、幅広い知識情報に基づいた的確な説明力を体得することにより、相互の理解不足や誤解から生じるトラブルなど、否定的な反応を事前に回避することが可能になります。

②相互に支援し協力するチーム力がある

全員で目標を達成しようという一体感が、チーム・職場全体にあります。「お客様ニーズ」を考えて仕事に取り組むように営業職だけでなく、事務系職も含めて社員全員がそれぞれの職種に応じた販売目標を設定し、日々「どうしたら売り上げにつながるか＝お客様のお役に立てるか」ということを念頭に置いて業務に励んでいます。

そして、会社の数値目標を社員全員が共有しています。また、月末になって目標に達していない社員がいると、他のメンバーが協力して支援します。たとえば、営業社員を例に挙げると、他の営業社員や役員が資料やサンプルづくりを手伝い顧客先に同行するなど、目標達成に向け相互に支援し合います。

営業・設計・現場間の連携もよく、現場監督が営業担当から工事の内容をもれなく引き継ぎ、職人任せにすることなく現場を管理監督します。外注先、取引先、協力企業も大事にしており、社内の枠を超えて良好なチームワークが保持されています。このチーム力も顧客から肯定的反応を得る要因のひとつです。

③一定の裁量権の付与

社員自身の判断で顧客の要望や状況に即した迅速な対応とプラス・アルファのサービスが可能です。顧客が感じる「ほんの少し変えるときっとよくなるだろう……」という気持ちを現実にかなえるため、すぐにその場で対応することができ、顧客に満足感を与えます。

事務所に戻って指示を待つなどの作業がなくなり、迅速性からも社員、顧客双方にとってメリットがあります。そして、責任感、自律性の醸成にもつながります。これは、顧客からの肯定的反応を得る要因のひとつです。また、直接顧客から感謝の言葉など受け取ることができ、職務満足にもつながります。

ここまで、事例から感情労働の行使に対して肯定的反応を得ることができる要因をみてきました。要因となるこれらの仕組み・制度の重要性はいうまでもないことですが、そのうえで特筆すべきは、円滑かつ効果的に機能するよう見守り、支援し、粘り強く推進させていく原動力として、キーパーソンおよびセーフティネットとなる存在が必須であるという点です。

さくら住宅においては、社員一人ひとりの状況をよく把握し、見守り、前述のように成績の振るわない社員へのサポートも状況を鑑みて適切にタイムリーに行う常務を筆頭に、管理職・営業所長などの存在がこれに該当します。

さらに、これらの仕組み・制度を理念の基に構築し先頭に立ち、リードして、さらに背後からも円滑な運営と推進を支援する、高い志を有する経営トップの存在は非常に重要かつ絶対条件となります。

同社社長は、次のように述べています。

「会社は『社会の公器』という信条のもと、開かれた会社を目指しています。それが、お客様株主制度の発想につながっています。２０１６年11月現在、株主１８０名（法人含む）のうち１１８名がお客様株主です。制度の趣旨は、お客様に株主になっていただくことで会社の経営方針がもし、間違った方向に行っていたら株主の意見を入れて修正することが可能と考えたからです」

何がお客様にとって良い会社なのか、を真摯に問い続ける経営トップの在り方が、感情労働の行使において肯定的反応を得る最大の要因であると言えます。

◇株式会社武蔵境自動車教習所[73]

【組織概要】

設立　1960年
資本金　1100万円
事業内容　自動車教習業務（普通車・中型車・普通二輪車・大型二輪車）高齢者教習・取得時教習・ペーパードライバー教習業務
従業員数　110名
経営理念　「共尊共栄」
利用者数　JR中央線、西武新宿線沿線で年間利用数19年連続1位／全国第3位
特記事項　経営者・経営幹部・社員の「三位一体経営」「ありがとう」経営／教育業から「サービス業」への意識改革／平成24年度経済産業省主催おもてなし経営企業

73. 本事例では、同教習所所長、ヒューマンリソース部署担当社員、新入社員へのヒアリングを行った。

武蔵境自動車教習所では、顧客に喜んでいただき満足感を与える施策を積極的に企画し実践しています。自らを「感動追求業」と位置づけ、「ありがとう経営」をスローガンに掲げ、現場で顧客に感謝の気持ちを伝えるためのさまざまな取り組みを行っています。その結果、顧客からも感謝や喜びの声を受け、そのことが社員の喜びや励みとなり、さらにもっと満足してもらうサービスをしようとする良い循環が形成されています。

このように同社はサービス・コンセプト（顧客に提供すべき価値）が明確に提示されており、感情労働を伴う顧客対応の現場に浸透しています。そこで本事例では、経営理念、サービス・コンセプトがどのように現場に浸透して具現化されているのかを、個人レベル、チームレベル、組織レベルで検討していきます。

(1)レベルごとの具現化への取り組み

①個人レベル

同社のサービス・コンセプトに則した接客サービス向上を目指し、会社の提供する教育・研修に積極的に参加しています。現場では研修の学びを具現化するために、社員一人ひとりが常に「お客様に何ができるのか?」を考え、お客様にとって教習所がよき「一生の良い思い出」の場になるようサポートをしています。

たとえば、教習の空き時間をリラックスして快適に過ごしてもらおうと、社員の発案で実現した「サカイパラダイス」と命名した取り組みがあります。ロビーの一角に設置された酸素カプセル、プロを呼んで行われる無料のネイルサロンなどは教習生の疲労回復や気分転換に寄与しています。

教習の場では、呼称を「教官」から「インストラクター」に変更することで、教習生に寄り添い、安全運転の知識・技術習得をサポートする役割という意識づけがされています。教習生がスムーズに運転免許を取得できるように、運転技術を指導するときも車の位置関係などを客観的に把握できるようにタブレットを用いて提示するなど、インストラクターが聞き手の立場に立ったわかりやすい説明を心がけています。教習時間前になると教習生を迎えに行き、教習車まで親切、丁寧に案内・誘導しています。

②チームレベル

チーム力を向上させるために、お互いに「ありがとうカード」[74]を交換し、所属の班（チーム）ごとに朝礼で「ほめほめリレー」を行うなど、チーム・メンバー同士の関係を良好なものにしています。結果として所内が明るく和やかになり、その

74. 仲間やお客様の良いところを見つけ、感謝の気持ちを伝えるカード。所内では毎日ありがとうカードが行きかい、年間７万枚もの「ありがとう」が伝えられている。

雰囲気が自然に顧客にも伝わります。

1993年から教習はグループ体制で行われています。現在、AからJまでの10グループにインストラクターが所属し、必要に応じ相互に協力しています。インストラクターの資格取得が必要となる未経験者に対しては、先輩がその育成に尽力します。問題が生じたときはグループリーダーを中心にチームで対応しています。

③組織レベル

・社員の教育・研修に力を入れる

お客様（教習生）に安心して教習を受け、〝安全マインド〟をしっかりと身につけてもらうため、毎日の朝礼や毎月の勉強会で、教習内容や接客のあるべき姿を学び続けています。朝礼は人材育成の場として、挨拶、姿勢、考える力、傾聴能力を磨き、全員が前向きに考え行動できる集団を目指し毎朝実施しており、理念と経営の勉強会も月一回行っています。同業他社ではなく異業種の事例から顧客満足、サービスの在り方などを学んでいます。仲間同士のコミュニケーションを深めるために、また、質の高いサービスを体験するために、海外、国内への研修旅行を定期的に実施しています。

また、サービス提供の基盤となる〝人間としての在り方〟を考える研修機会も設定されています。同一の研修を受講することで、「共通の体験、共通の言葉、共通の価値観を社内で共有できるようになります。それが社風になり、業績に結びついています」と社長はその効果を指摘しています。これらの徹底した教育・研修は、すべての従業員が同社のサービス・コンセプトをしっかり理解・共有し、自分勝手な解釈でサービスレベルをあいまいにしないためにも重要です。

・職位に応じた使命を明確に提示

たとえば、「社員」の使命は、お客様の喜びづくりであり、お客様の動向、ニーズに合わせた行動をすることです。「グループリーダー」の使命は、グループメンバーの育成と動機づけ、お客様ニーズの吸い上げと、それに基づくサービス向上および改善活動であり、「係長」の使命は、リーダーの育成と組織全体の動機づけなどです。

ちなみに、「教習所所長」の使命は、経営理念の具現化です。実際、所長が日常的に所内を巡回し、社員がいきいきと仕事ができるよう、注意深く見守り環境づくりに注力しています。同社における所長の存在は、まさに第5章で既述した「キーパーソン」です。

・多様な顧客ニーズに対応する仕組み・制度の構築

多様なニーズ対応の一環として2001年1月に通常の料金のコースに加えて、プラスアルファのサービスを付加した「IT－VIP（至れり尽くせりの略）」プランがあります。価格帯は一般に比べて高くなりますが、専用のVIPルームにはコンシェルジュもおり、名称通り入所から卒業まで予約やスケジュールなど、きめ細かいサービスで多様なニーズに対応しています。顧客により要求レベルは異なりますが、プランを複数設けることで、要求に応じてもらえないという不満を事前に解消することが可能になります。

また、1992年4月に8名の女性インストラクターを採用し、3K（暗い・厳しい・怖い）のイメージから、明るく、優しい、楽しい教習所にイメージチェンジを図りました。その後も女性インストラクターは増えています。制服もポロシャツ、アロハシャツなどに変えるなど、教習生の精神面もサポートする楽しい雰囲気づくり、環境づくりを行っています。

ここまで、レベルごとに同社の取り組みを見てきました。背後には、次に紹介する具現化の取り組みを強力に推進・支援する経営のトップである経営者の姿勢・信念があります。

(2) 経営トップの姿勢・信念

同社は、「社員満足なくしてお客様満足はなし」と、社員を一番に考え、安心して働ける会社創りを目指し、人事理念に「出る釘は伸ばす」を掲げ、自律的に新しいことにチャレンジする人材の育成を支援しています。

社員を大事にする姿勢は、社員満足、顧客満足、地域社会貢献を「経営の３本柱」と表明している点からもうかがえます。なお、地域社会貢献では、地域への感謝と貢献として、餅つき大会、サマーフェスティバル、フリーマーケット、安全・安心・環境フェアなどのイベントを開催しています。また、トップ自らが次の宣言を率先垂範しています。

・全力で朝礼に参加し、１００%の状態でお客様をお迎えします。
・相手への感謝の気持ちをありがとうカードで伝えます。
・お客様や地域の方々、仲間などすべての方々に、謙虚な姿勢で元気な挨拶と笑顔で接します。

そして、トップの率先垂範の姿勢は、自ずと社員にも伝播してきます。

このように同社の事例は、クレームなどを発生しにくくし、むしろ顧客に対する感情労働への肯定的反応をより増大させる組織マネジメントと言えます。

◇株式会社アポロガス[75]

【組織概要】

設立 1971年
資本金 2000万円
売上高 23億円（2015年5月実績）
業務内容 総合エネルギー供給業
従業員数 49名（2016年現在）
社訓 「和と利」、社是は「店はお客様のためにある」
経営理念 ①エネルギー供給の安定と安全を守り、質の高いサービスにより地域社会に貢献する。
②社業を通じて豊かな人間性を育み、家族や社会を守り、自己実現のできる精神的・経済的環境を高める。
③目先の利益や損得に惑わされず、正しさを判断の基本にして継続的に

---

75. 本事例では代表取締役、総務課社員（2名）へのヒアリングを行った。

成長発展できる企業を目指す。

受賞（さまざまな分野で数多くの受賞歴がある）

特記事項
２０１３年　経済産業省　おもてなし企業選
２０１４年　福島商工会議所 優良企業表彰・社会貢献 金賞
２０１６年　日経トップリーダー 人づくり大賞 優秀賞
２０１７年「日本でいちばん大切にしたい会社」大賞審査委員会特別賞　他多数

同社は、ＣＳＶ（Creating Shared Value―社会的価値と企業が追求する経済的価値の両立）のコンセプトである、社会的な課題の解決と企業の競争力向上を同時に実現させる取り組みを行っており、「地域の皆様にしあわせをお届けする日本一の元気エネルギー供給企業」を目指しています[76]。

同社の特徴のひとつが人材育成です。２０１６年に「日経トップリーダー 人づくり大賞優秀賞」を受賞するなど、人材育成において高評価を受けています。ユニークな研修を数多く行っていますが、その根底にあるのが「お客様のためにどうすればいいかを第一に考える」人を育てたいという社長の強い想いです。「毎日の仕事を通して、お客様の役に立ち、同時に目に見えないものを大切にしながら、心の温かさも一

76. 出所：「福島の進路」（2015年）

緒にお届けし、お客様に喜んでもらえる『幸せ生活供給企業』」[77]そのものが同社のサービス・コンセプトになっています。

この事例からは、顧客に対して自然に感情労働を行使できる人をどう育成するのか、に焦点を当てその取り組みを紹介します。

(1)人事制度

「わが社の強みは〝人財〟である」という社長の言葉通り、相手（顧客など）のために何ができるのかを考え、実践できる資質を持った人材を採用・育成することに注力しています。

①採用

創業当初からの社員が定年退職を迎え、それに伴い6年ほど前から新卒採用を開始しています。〝いい人材を採用することは会社として最大の戦略〟とし、社長自ら大学合同説明会に出向きます。募集段階で採用方針および研修内容を具体的に説明して、会社の方針に共感できる学生が応募するというスクリーニングが機能する仕組みです。

たとえば、企業説明会で、「クリスマスの飾りつけ、トイレ掃除、着ぐるみ研修、

77. 出所：福島民報新聞（2009年6月27日）

大学生ラジオパーソナリティなど、いろんな研修に出てもらいます」という説明を聞くと、7割強の学生が「無理だ、できない」と反応するそうです。前向きでチャレンジしたいという意思があるのは残りの3割弱だと言います。そうした学生の中から採用するため離職率が自ずと低くなります。卒業予定者対象の会社説明会開催チラシには、「アポロガスの求める人材」として、次のように書かれています。

「アポロガスでは、人の生きる目的は『まわりの人をしあわせにすること』という価値観に共感できる人を採用方針としています。アポロガスでは、頭のいい優秀な人材であっても自分中心の人間は必要ありません。感謝の気持ちを持ち、「目配り・気配り・こころ配り」ができる思いやりにあふれる心の感性を持った人＝いっしょにしあわせ生活供給企業をめざしていく人材を求めています。」[78]

②研修・育成

社内に「元気エネルギー供給事業部」という部署があり、原則的に新入社員は、通常業務と兼務で同事業部に配属されます。年間18万部発行のミニコミ誌「せっかくどうも」（わざわざどうもの意）の編集員になり、取材編集を担当します。たとえば、入社前に警察署で一日警察官を体験して、その経験を記事にするということもあります。この他にも、採用者の育成を目指して、自律性を醸成する実践的かつユニークな

78. 出所：アポログループ　会社説明会開催案内パンフレット

研修を数多く行っています。

内定者研修は、6月の内々定から入社前まで30日ほどの研修が分散してあります。ラジオDJ研修や福島の子供たちに笑顔を届ける活動など、普段できない経験をすることにより、自分で考え実行できるようになること、価値観を共有し、さまざまな体験や失敗を通して他の人の痛みなど目に見えない大切なものに気づき、人間として成長することなどをねらいとしています。

ここでは、特色のある2つの研修を紹介します。

i内定者研修――着ぐるみ研修

「せっかくどうも祭り」という名称のアポログループの感謝祭（1万人以上が参加）で、着ぐるみを着て来客者を楽しませるという研修です。研修後、「キグルミ研修における人財育成の本質とアポロガスの人事戦略について」というテーマでレポートを提出します。

次は、ある内定者による「着ぐるみ研修」レポートの一部です。相手にどう対応するべきか、気づいたこと、考えたことなどが書かれています。

「自分から伝える努力をせずに、相手には自分のことをわかってほしいと理解を求めること」。この態度、考え方は非常に自己中心的でわがままである。キグルミを着ることで表情が隠れるため、感情を表すには工夫がいる。また、キグルミの表情は変わらないので、動きで親しみやすさなどを表さなければならない。どうすれば子供たちを喜ばすことができるのかを考えるようになる。（中略）

この研修で学んだことは、子供たちを喜ばせるための手段やその伝え方を自分の頭で考え、相手に伝える工夫をすること。また、子供たちに限らず誰かのために行動することで得られる達成感や喜びを知ることができた。他人のために本気で考え取り組み、それを自分の喜びとすることができる考え方を育み、人格を成長させることが、アポロガスの人財育成のねらいだと考えられる。（レポート一部抜粋）

---

ii 新人研修——地元ＦＭ局でラジオＤＪ研修

新人研修の一環として、「自分で考え、実行する人財育成」を目的に新入社員にラジオ番組を持たせ、台本作成、出演者の選定などを自分で行う地元ＦＭ局でラジオＤＪ研修を２００９年から行っています。昼休み、事務所内のラジオからＤＪが流れてきます。コミュニケーション・スキル、タイム・マネジメント、交渉力（たとえば他の企業の新入社員に出てもらうなどの出演者交渉）などを体得できます。ラジオＤＪ研修の他にも、福島の子供たちに笑顔を届ける活動など、普段できない経験をすることにより、自分で考え実行できるようになります。失敗することも他人の痛みがわかる社員の育成につながっています。

iii いろいろな表彰制度にエントリー

たとえば、日刊工業新聞のフレッシャーズ産業論文では、２０１５年に奨励賞を受賞しています。客観的に評価されることで自信にもつながり大きい効果もあります。

(2) 人材育成

人が健全に育つためには、

①土壌―組織風土

②水―良好なチーム

③太陽―社長の想い

④栄養―教育・研修

が欠かせません。ここでは、既述した④を除く、同社の①から③を紹介します。

①組織風土

i笑いとチャレンジ精神を重視

明るく和気あいあいとした風通しの良い職場です。社内の雰囲気も良く、他部署とのコミュニケーション、連携もよく取れています。毎朝8時20分の朝礼では、当日の連絡事項・打ち合わせの後、「ハッピー、ラッキー、大好きー」と一日元気に仕事ができるように、口角を上げ10回ずつ唱えるハッピー体操を行っています。夏の制服はポロシャツです。社長に対しても、新しい提案をするときも、受け入れられるかどうかはともかくとして、〝物申せる〟雰囲気があります。チャレンジ精神を歓迎し、何かあれば、同僚も上司も社長もサポートしてくれる、という安心感、信頼感があります。

ii周囲への気配りと感謝

相手を思いやり、相互に助け合い感謝する文化があります。初任給レポート、親孝行レポート、配偶者への感謝状などの慣習が、自然に気配り、感謝が行われる風土を醸成してきたと言えます。

②良好なチーム

社員同士は仲が良く、仕事の連携もスムーズで協力体制が取れています。たとえば、即応予備自衛官でもある社員が東日本大震災の対処のため、招集命令を受け、3月末から石巻に派遣され、ライフライン復旧に従事したことがありました。この間、会社の核となっている社員が職場から離れることは、会社や同僚にとって負担となりますが、気持ちよく送り出しています。即応予備自衛官の制度では、1年に30日間演習に参加することになりますが、同社は10年以上この制度に協力しています。

お客様への対応が多い社員からは「まれにですが、電話で激しい口調で怒りをぶつけられ、気が沈んで泣きたくなることがあります。私がそうなったときはみんなに言います。みんなも同じような経験しているので受け止めてくれます。みんなが聞いてくれるのが特効薬です」と、チームメンバーが受容・共感することで、癒されるという声も聞かれました。

③社長の想い

「より多くの人に、笑顔や喜び、感動という元気エネルギーを供給できる人間になろうと思っています。人に対する愛情、思いやり、人を信じる心、夢という目に見えないものによって幸せを感じることができる会社・地域社会を目指していくことが、わたしの人生の恩返しだと考えています」[79]
社員も顧客も地域もみんなが元気になれることは何か、その原点は「笑いのある職場づくり」であるとの想いがあります。
このような環境の中で同社の人材が育まれていきますが、そこで培われたものは顧客への対応に反映されます。

(3)顧客サービスと感情労働、地域貢献の例

①プラスアルファの顧客サービス
i 安否確認メールで利用者の命を守る見守りサービス「あんしんメール」
ガスの24時間集中監視システムを利用した無料の見守りサービスで、24時間一度もガスを使った形跡がない場合、親族に連絡するサービスです。
ii ついでサービス
ガスの法定点検時に、「ついでサービス」としてちょっとした10分程度でできる困りごとを手助けします。たとえば「高い所の蛍光灯交換」「時計の電池の交換」「重いものの移動」などで、高齢者世帯、女性の世帯で喜ばれています。

79. 出所：2009年６月27日　福島民報新聞

ほかにも、「せっかくどうも祭り」キャンドル・イベントなどさまざまな地域貢献を行っています。その結果、お客様から感謝され、喜ばれ、高評価をいただくことが社員にとって大きな励みになり、感情労働への原動力になっています。

◇川越胃腸病院

【組織概要】

設立　1969年

標榜科目　消化器科（外科・内科）

看護基準　7対1入院基本料、病床数は40

職員数　115名（2015年11月現在）

経営理念　1．患者様の満足と幸せの追求
2．集う人（スタッフ）の幸せの追求
3．病院の発展性と安定性の追求

特記事項　設立以来、医療訴訟ゼロ、看護師離職率は、ほぼゼロ
消費者志向優良企業（通産大臣賞）、優良先端事業所（日本経済新聞社）
日本経営品質賞など、第1回「日本サービス大賞」優秀賞他受賞多数
顧客満足度調査（同院実施）91・7%が満足（2014年度）

看護師を取り巻く労働環境が厳しい中、川越胃腸病院は看護師の離職率がゼロに近く、待機中も含め多くの入職希望者がいます。顧客満足度は90％以上と極めて高く、設立以後一切の医療訴訟もないという同院では、看護師の感情労働にどう対応（支援）しているのでしょうか。感情労働の行使による否定的側面をどう軽減させ、肯定面を増大させているのか、具体的事例を通して見ていきます。

その前提として、看護師を取り巻く環境[80]を紹介します。看護師の就業者数はこの20年間で50万人増加しています。その一方で、日本医療労働組合連合会が組合員を対象に行った労働実態アンケート調査結果（２０１４年）によると、人員不足、長時間労働、健康不調などを理由に、４人中３人に当たる75％超の看護職員が「離職意識」を抱いていると言います。

同調査報告書は、医療の高度化・入院日数の短縮・患者の高齢化など厳しさを増す労働環境に加え、不払い労働、有給休暇の取得率の異常な低さなど労動法規に抵触しかねないさまざまな実態も明らかにしています。３万２０００人を超える回答者の４割に相当する自由記述の数からも切実な実態がうかがわれます。

たとえば、人員不足かつ膨大な業務などにより、「患者とゆっくり話す時間が取れない」など、〝ケアの表現〟ない。メンタルのフォローもしたいが時間がなく申し訳ない

80. 出所：日本医療労働組合連合会「看護職員の労働実態調査報告書」（2014年）

（ケアの行動によって優しさなどの感情を伝えようとする感情労働）を適切に行えない実態や、「患者に安心な看護ができない」など、看護の本来業務に十分力を注げないという葛藤も見受けられます。さらに患者や家族からのクレームや患者・上司からのハラスメントも悩みやストレスの大きな原因であることも報告されています。

第１章でも若干触れましたが、ここで改めて看護師の感情労働の特徴と心理的影響について振り返ります。浜松医科大学教授の片山はるみ氏は、看護師の行使するさまざまな感情労働のうち、何がストレス要因になるのか、あるいは職務への充足感につながるのかを明らかにするために、次の５つの尺度を用いて調査を行いました[81]。

【5つの尺度】

・表出抑制：その場に相応しくないと判断した感情を表現しないよう意識的に抑制に努める感情労働

・表層適応：頻回に人々の危機に遭遇する医療の現場においてその時々に応じた火急・表面的な対応に努める感情労働

・深層適応：実際に感じている感情との違いを自覚しつつ、患者にとって適切と判断する感情表現を意図的に喚起させる、より複雑な感情労働

81. 医療従事者の感情労働に関する実証研究はさまざまある。感情労働がストレスや燃え尽きに与える影響、疲労の一因とされる一方で、職務への充足感や魅力につながるとする研究、職務に必要なコミュニケーション技術ととらえた研究など多様で、看護師の行使する感情労働をストレス要因として一概に単純化することは難しいとしている。

そこで、片山（2010）は感情労働の内容によるストレス反応の違いを明らかにする必要があるとし、５つの尺度で構成された「看護師の感情労働測定尺度（Emotional Labor Inventory for Nurses, ELIN）」を基に作成した調査票による質問紙調査を実施した。

・探索的理解：状況に応じて自己の感情の細かい調整をし、対象の理解に努める感情労働
・ケアの表現：ケアの行動によって優しさなどの感情を伝えようとする感情労働

調査の結果から、感情労働の中で「表出抑制」がイライラ感や疲労感など複数のストレス反応に影響をおよぼしており、看護師にとってもっともストレスの高い感情労働であり、心理的負担要因になることが明らかになりました。「深層適応」や「表層適応」も看護師の負担になることが示されています。

一方で、「探索的理解」「ケアの表現」は、看護師にとってストレスになっていないことが判明しました。この結果に対して片山氏は、「これは職務への充足感や魅力につながることとの関連をうかがわせる」と指摘しています。

(1)高い顧客満足度と同院看護師の感情労働

同院のマニュアルを超えた温かい対応や心なごむ対話は、患者を精神的に癒し、治療にもプラスの効果があると思われます。院長の望月智行氏は感情の抑制に関して次のように述べています。

「患者様の抱える不安や迷い、ときには死への覚悟や恐怖にもしっかりと耳を傾けます。患者様がつらいときには、看護師もはばからず涙を流すこともあります。これは心の共有、共感の証しであり、人としてごく自然な態度でもあります。会話をしながら患者様の肩にそっと添える手は、プロとしての自覚をもちながらも、『そうしてさしあげたくて』自然に伸びるものです」[82]

こうした「患者様の立場に立った心温かいサービス」は、現場でどう実行されているのでしょうか。同院が定期的に実施している患者満足度調査アンケートの自由記述欄[83]から患者の反応を見ていきます。

入院してみなさんのケアに感動しっぱなしでした。／白衣の天使という言葉がぴったりです。／いつも優しい看護婦さん。身体を大切にしてください。／看護部の教育方針の賜物と感心しています。／お願いしたことがきちんと他のナースさんにも伝わっていた。（「患者様の声」２００９、２０１０年度）

こんなに親身になって看護されたのは人生で初めてです。／ナースの優しさに涙が止まりませんでした。感謝です。／何回か入院したけど、常に感心させられます。ここはスゴイ。／ナースの皆さんが私の病状を全て把握してくれていた。

---

82. 望月智行（2008）p.173

83. 同院 H.P.「病院の取り組み」にある「患者様満足度調査『患者様の声』」（2015月10月28日閲覧）。

／だれに質問しても、きちんと答えが返ってくることに感動。／みなさんの優しさが笑顔に溢れてました。こんな病院はじめて。（「患者様の声」２００８年度）

(2)同院における看護師の感情労働への組織的支援

では同院は、看護師による感情労働がどのように行われ、どのような支援が行われているのか行われているのかを見ていきましょう。

①所属部署（看護部）からの支援

【自発性の尊重】[84]

看護師の自発性が尊重され、「患者様の立場に立った心温かいサービス」のために「したい看護」（患者の生命力を広げる看護）が実践できる職場環境です。「看護部職員の一員として病院や仲間から大切に支援されている」ことを力に変え、自発的に患者の状況に応じたきめ細かい対応ができます。ただし、自己満足に陥らないように看護の裏付けとしてナイチンゲール看護論に基づく「ＫＯＭＩチャートシステム」[85]を使用しています。その中で患者の個別性を特に重視し、患者に寄り添いながら、生命の幅が拡がる方法を模索したり、患者の持てる力を最大限に活用するよ

84. 同院H.P.　部署紹介　看護部「看護部長メッセージ」より抜粋し、筆者改編。
85. ＫＯＭＩとは、長年ナイチンゲールの思想研究にとり組んできた金井一薫氏が、ナイチンゲール看護論を展開する為の方法論として開発したツール。

うな看護を考えるための「看護の５つのものさし」[86]を活用しています。

さらに、患者に安心・満足をより一層感じていただくために研鑽の機会が提供されています。患者のためにどんな看護をしたらよいのかと一生懸命考え、研鑽を積んだ成果が患者の喜びや感動につながれば、看護師自身も仕事のやり甲斐や達成感・そして職務満足を実感することができるからです。

【同院の方針と感情労働】

同院の方針のひとつに「患者にこうしてさしあげたいと思った」という「したい看護」の例として「ケアについての禁止事項がない」ことが挙げられます。これは職員を信頼し、経営理念にある「患者様とその家族の喜びや幸せになるため」のケアについては基本的に禁止事項を設けることなく職員の自発性に委ねています。

その結果、患者と職員の間でたくさんの感動のストーリーが誕生し、職員のモチベーションがますます高まることになる[87]、と言います。さらにこの「したい看護」をひとりでではなく、部門の枠を超えたみんなのチームプレイで行えることも、同院の特徴[88]であり強みと言えます。

この自発性が感情労働による精神的負担の軽減に大きく影響していることは先に述べた通りです。

86.［看護の５つのものさし］とは、1. 回復過程を促進するような援助、2. 生命体にとってプラスになるような援助、3. 生命力の消耗を最小にするような援助、4. 生命力の幅を広げていくような援助、5. 持てる力を活用し高めるような援助、のことである。

87. 望月智行（2008）p.234

88. 前掲書（2008）p.74

また、片山氏が感情労働の中でも「ケアの表現」が、ストレスにならず、むしろ「職務への充足感や魅力につながることとの関連をうかがわせる」と述べているように、同院の看護方針の自発的な「したい看護」は、ストレスにもまさる喜び、充足感、感動を看護師にもたらすものと考えられます。

一方、その「したい看護」を適切に行っていくためにも、日々変化する患者のニーズや一人ひとりに合ったきめ細かい対応をするために知識・スキルなどの学びや自己を成長させるための研鑽は欠かせません。同院では院内の研究会はもとより、外部研究会への参加、学会での発表なども積極的に行われています。

②同僚からの支援

「経営理念」に則した看護の意義・あり方を共有する同僚の存在は、感情労働に伴う精神的疲弊などを軽減するうえで大変重要です。前述のように「看護観」などが異なる場合、相互に軋轢を生むこともあり、職場の人間関係それ自体がストレスの原因になることが少なくありません。そのため、精神的に余裕がなくなり、患者への感情労働にも支障をきたすことがあります。一方、同じ価値観を持って、同じ方向性を向いて励んでいる同僚の存在は感情労働を行ううえで力強い支えとなります。さらに、先輩の看護への姿勢から感情労働とその対応を学ぶことができます。

既成のマニュアルに頼らず、考え方や対応の仕方を実際の仕事に携わりながら、「こういうとき先輩はこうしているのか」と先輩の働く姿から学び、肌で感じ、感情労働を心と体で学び、受け継いでいく職場環境になっています。

第5章で既述した「突き放した関心」などの暗黙知を学ぶことができます。職場の皆が育て合いながら共に学び、成長していくことができるこの環境は、患者への感情労働を行ううえで非常に重要な意味を持ちます。

③組織からの支援

ここでは3つ紹介します。

ひとつ目に、患者やその家族からのクレームなどは、担当した看護師個人にのみ負わせるのではなく、組織全体の課題として「医療サービス対応事務局」が対応している点です。この点は組織的支援として特筆すべきことです。同事務局は、1992年に患者、地域の人々、働くスタッフの満足と幸せをサポートするために創設され、クロスファンクショナル・チームとして組織の階層的な壁を取り払い、各部署からの兼任メンバーで構成されています。メンバーは指名制で医師・看護師2名ずつ、事務4名、施設整備1名を含む総勢11名（2012年4月現在）で運営されています。

［図表17］ 医療サービス対応事務局

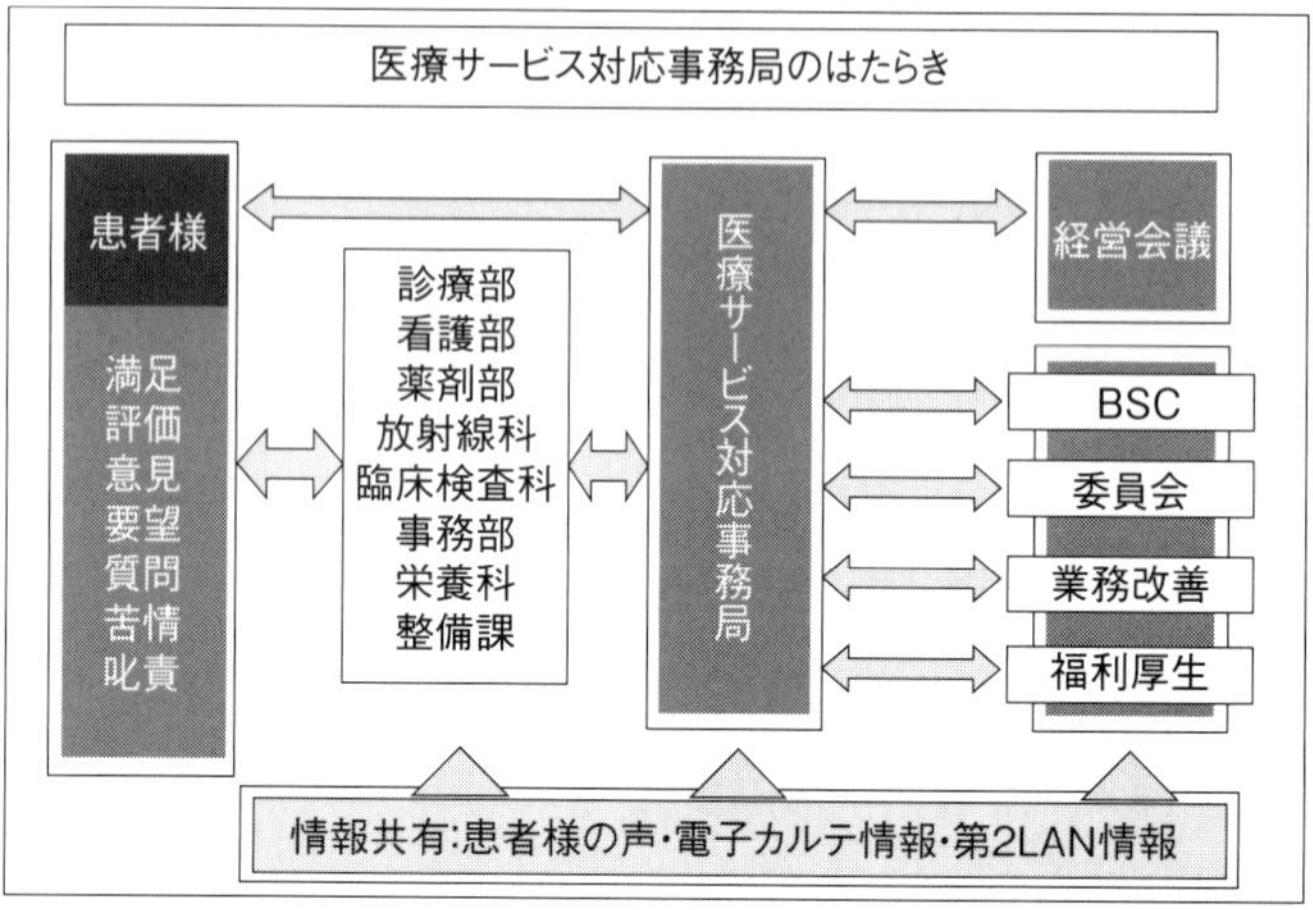

出所：川越胃腸病院ＨＰ

主な役割は次の2つです。

・「CS推進室」の役割：CS経営を推進する中で、患者のニーズやウォンツの情報収集を定期的に実施しています。「患者満足度調査」「患者様の声」などから的確に把握・検討し、患者の声として病院経営にも反映させます。

・企業における「お客様相談室」の役割：病院と患者の間に立って、さまざまな部門で埋もれがちになる患者からの意見、要望やクレームを部門横断的に一元管理し、関連する部門や各種委員会・実行委員会が協力して対応策を検討することを促し、患者への誠意ある対応を行っています。

２つ目は、「サービスの質」が評価の基準となる点で、報酬にも反映されている点です。同院は、医療界では最も早い時期（１９８３年）から、成績評価制度を基礎とした能力・成果主義の賃金制度を導入しています[90]。日々どれだけ質の高い職務を遂行し、良質のサービスを提供したか、「技術も経験年数も絶対評価対象ではなく、それを有効に使いながら『いかに患者様の満足や幸せに貢献したか、病院の仕事にいかに貢献したか』」[91]で評価しています。

成績評価制度では評価基準書に基づいた能力・努力・方向性の発揮・貢献度を評価し、賞与分配、昇給・昇格に反映されています。特に、「人間を全人格としてみる洞察力や観察力に加え、表現力、コミュニケーション力といった人間力ともいうべき社会適応能力が大切」[92]であるとしています。

個人評価だけにとどまらず、部門貢献度の評価も行っています。患者満足度調査で所属部門が得られた点数によって、格差が生じる仕組みとなっており、賞与の増減に反映されます。その結果、サービスの質の向上を目指し、部門間の競争や部内の連帯感をもたらし、組織全体の活性化やサービス水準を引き上げる原動力にも

---

90. 望月智行（2008） pp.82-83；86-88

91. 前掲書 p.84

92. 前掲書 p.85

［図表18］川越胃腸病院　三層支援体制

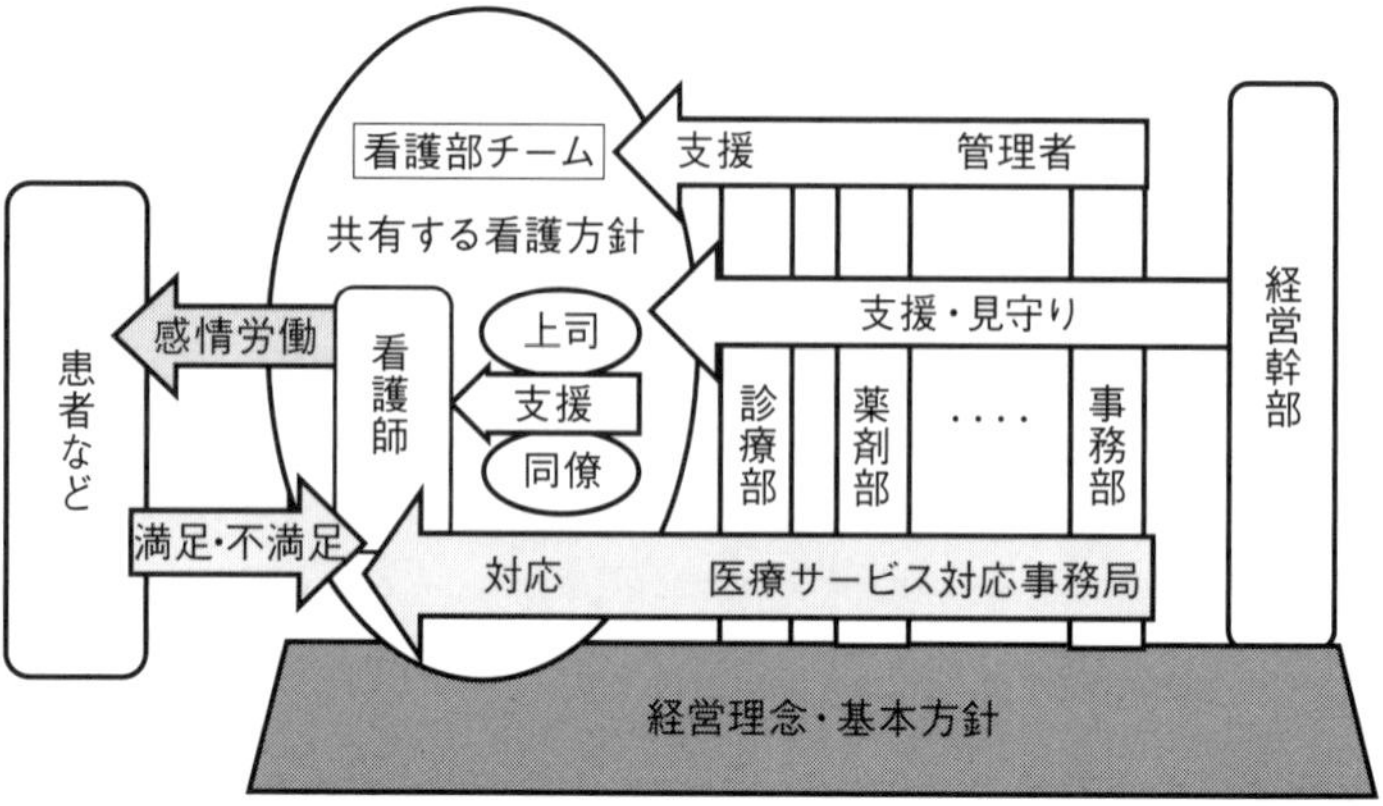

筆者作成

なっています。

3つ目は、経営者が見守り、また、感情労働の模範となっていることです。

院長の望月氏は、経営者のあり方について次のように述べています。

「経営者自身が経営理念の真剣な実践者であることです。そのうえで、働く人が最低限の精神的消耗度で、個々の能力を十分に発揮し活用できる状態、いきいきと楽しく、やりがいと夢をもって働ける状態を作ることです。そのためには、五感を駆使して、たえず組織全体を見渡し、異常な空気や不健康な雰囲気が充満していないかをたしかめなければなりません。同時に、一人ひとりの心のありようと行動に思いをはせ、みなが健康な精神状態を保っているかを感じ取る必要があります」[93]

看護師が患者に温かく接することができるのは、日常的に院長自らが職員に対して隔てなく温かな心で接するという模範を示しているからと言えます。

93. 出所：望月智行（2008）p.264

2. 組織的支援を進めるための5つのポイント

ここでは、事例に共通してみられる取り組みの特徴を挙げ、そのうえで効果的に感情労働への組織的支援を進めるための要点を示します。

事例には多くの共通した特徴があります。すべてが黒字経営であり、地域・社会貢献も積極的に行っています。組織内の風通しがよく、部門を超えた活発なコミュニケーションも盛んです。

さらに、経営トップが高い志を抱き組織の存在意義をよく考え抜き、独自の経営哲学を持っています。その中でも、特に感情労働マネジメントに直接寄与する5点を示します。

顧客から肯定的反応を引き出すことにも、感情労働による精神的負担の軽減のどちらにも有効に機能すると考えられます。

【５つの要点】

①「経営トップ」の志が高く信念が明確である。社員・従業員を大切にしている。
②経営理念に基づいた明快な「サービス・コンセプト」があり、現場に浸透している。
③社員同士の協力・支援が活発で、相互に学び合い切磋琢磨する「チーム力」がある。
④チーム・組織の健全性、社員・従業員の心身の健康を見守る「キーパーソン」の存在がある。
⑤専門知識・スキルはもとより、顧客への対応などを学ぶ「教育・研修」の機会が多くある。

(1)「経営トップ」の従業員第一主義

経営トップが、ステークホルダーの中で従業員を最も大切にしている点です。従業員が相手（顧客など）に対し、自然にきめ細やかな心遣いができるためには、従業員自身が大切にされていなければならない、という信念があるからです。

では、「大事にする」ということはどのようなことでしょうか。次に、働く人からよく聞かれる代表的な3つを挙げました。

ⅰ心身ともに健康な仕事生活を送ることができる。

ⅱ自らの職務、会社（病院）に誇りが持てる。

ⅲ黒字経営であり、経済的に安定している。

従業員にとってはいずれも重要ですが、ここでは感情労働に直接関係するⅰを取り上げます。

感情労働の否定的側面として、第4章で既述したように精神的に過度に疲弊して、メンタルヘルスに支障をきたすケースがあります。OECDによる報告書[94]にも「メンタルヘルス不調は特に労働者の生産性に多くの悪影響を及ぼす」とあり、「仕事、労働条件、労働者の生産性の間の関連とメンタルヘルスとの関係を、雇用者がもっと深く理解する必要がある」と指摘しています。対人サービス従事者が心身ともに健康に仕事をいきいきと行うためにも、個人の努力にのみ負わせず、組織として対応する仕組みづくりを経営トップの主導で行うことが大切です。また、経営トップの中には、従業員に理不尽な要求を過度に行う顧客などに対し、取引を断るという人もいま

94. OECD 編著　岡部史信、田中香織訳（2013）p.91

す。

管理者や現場の感情労働従事者を後方から見守り、強いリーダーシップを発揮する経営トップの姿勢は非常に重要です。組織の規模や業種・職種を問わず、経営トップの高い志と信念、強いリーダーシップは、組織的支援を進めるうえで必須と言えます。

(2)サービス・コンセプト

前章で紹介した事例は、本来の業種を「サービス業」の視点でとらえなおし、「再定義」をしています。そのうえで「サービス・コンセプト（顧客に提供すべきサービス・価値）」を明確にし、現場に浸透させるべく努力しています。「誰に、何を、どのように」提供するかを明確にすることで、現場にコンセプトが浸透し、具体的な行動に落とし込むことができます。現場では、自ずとどのような人に、どのようなサービスや価値を、どのように提供していくかなどサービス提供のプロセスにまで踏み込んで考えることになります。

その過程を通して、本来の業種では把握できなかった（見えなかった）感情労働を伴う「対人サービス」の存在が明らかになります。

たとえば、事例に挙げたタクシー会社の主業務は「ある地点から別の地点へお客様を運ぶ仕事」であり、本来「運輸業」に位置づけられます。単に「人を目的地に運ぶ」運輸業ととらえれば、安全性を確保し、地理的な知識・情報などを有し、運転技術さえあれば、笑顔や乗客への挨拶や気配りがなくても業務を全うします。これ以上の発想の広がりは期待できません。

しかし、「サービス業」と意味づけを変え、再定義することで、全く別の世界が現れます。目的地までどのように車（機）内で快適に過ごしていただくか、どのような対応が良いのか（対人サービス）など、空間と時間をどうマネジメントし、どのようなサービスを提供できるか配慮や工夫、アイデアが生まれてきます。

また、病院も同様です。「医療は究極のサービス業」ととらえたとき、医師・看護師と患者・家族の関係が変わってきます。技術と人間性尊重のサービスのコラボレーションこそ真の医療のあるべき姿であると認識をあらためたとき、患者と医療者（医療機関）との間に強く深い信頼関係がなくては成り立たない世界[95]が見えてきます。

このように本来の業種から「サービス業」ととらえなおし、サービス・コンセプトを明確にすることで、今までは見えなかった（気づかなかった）「対人サービス」の重

95. 出所：川越胃腸病院「あすなろ通信」初冬号第22号　2016年12月１日

要性が明らかになり、対人サービス者が行う感情労働に対しても認識されるようになりました。さらに、感情労働の行使にあたり、組織としての支援策も検討されるようになります。

そのひとつが第3章で取り上げた「一定の裁量権」の付与です。現場で目の前の相手にサービスを提供しようにも、その都度、許可や承諾を得る必要があるとしたらその場の状況に即した対応が難しくなり、サービス・コンセプトに見合うサービスの提供は納得できるものではなくなります。「ついでサービス」など顧客の状況に即した対応がそうです。

もちろん、いわゆる〝丸投げ〟にならぬよう、裁量の基準を明確にし、効果的に機能するような支援体制が必要です。川越胃腸病院の事例では、看護師の「したい看護」が自律的にできるためにチーム・組織の支援体制があり、さくら住宅では訪問先でのプラス・アルファのサービスを見守る管理者・経営幹部がいます。

同業他社・事業体が経営的に厳しい中、全事例が好業績を上げている現状を鑑みると、サービス業という視点で感情労働を伴う顧客対応を行っていることが高評価を得ることにつながり、他社からは一線を画す優位性の一因となっていると言えます。

(3) チーム力

機能性の高いチームが、感情労働を支援する装置になっています。

既述したように、良好なチームには個人で対処しきれない感情的負担を吸収し、癒し、再生する場としての機能があります。事例では、上司・同僚で構成される班（チーム）で行われる朝礼や研修などの相互交流を通して感情労働についての情報や暗黙知を共有し、感情管理技術などを学び合い、また顧客からのプラスの評価を喜び合う成長の場として、また、精神的疲弊を癒す場としてチームが重要な役割を果たしています。

同僚からの支援や協力が必要なことはいうまでもありませんが、チーム力が発揮されるためには上司の適切な関与が重要です。上司からの支援のあり方について着目しているリーダーシップ論があります。部下への支援を強調したエンパワリング・リーダーシップ理論、サーバント・リーダーシップ理論（職場やプロジェクトのメンバーを支援して目標達成に導く奉仕型のリーダーシップ）です。

エンパワリング・リーダーシップ理論では、現場の第一線で働く部下が職務遂行に

[図表19] 感情労働マネジメント５要点

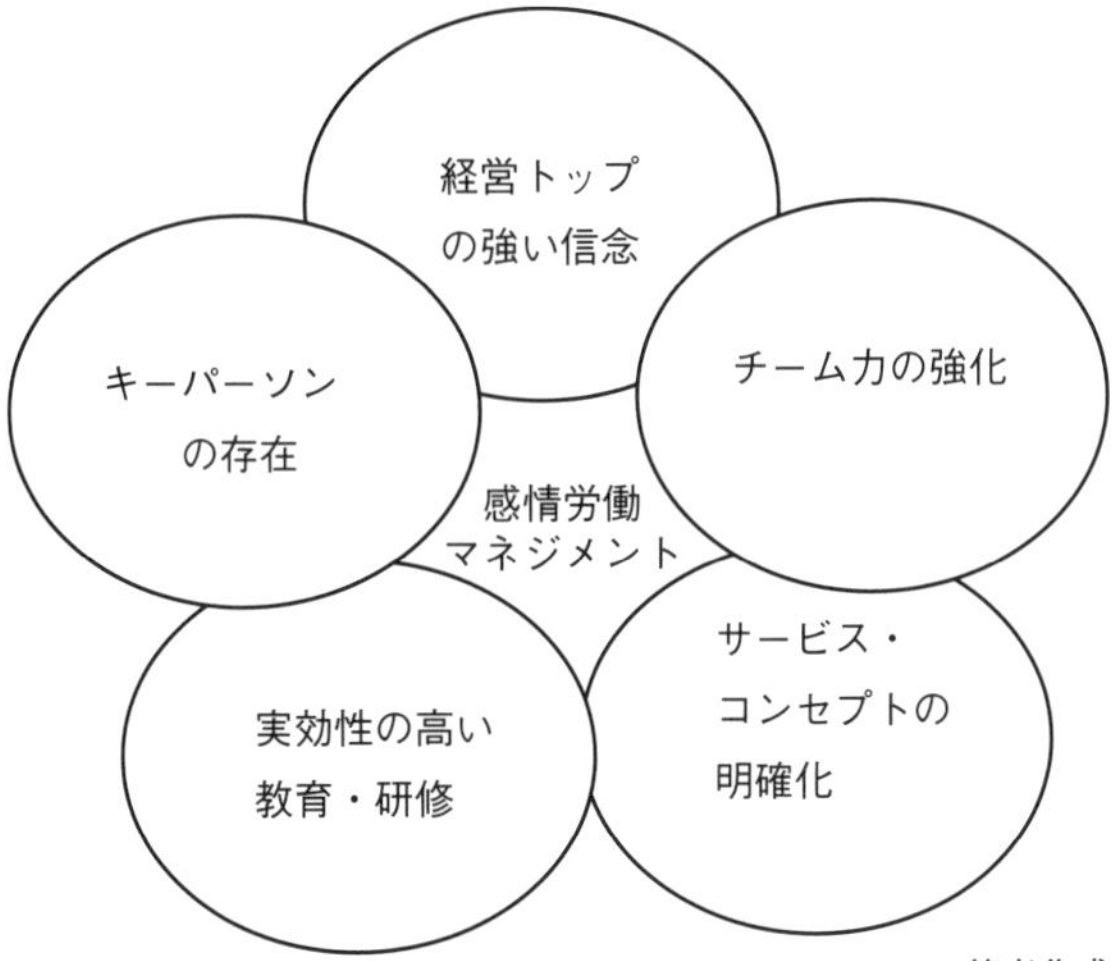

筆者作成

おいて能力・創造性を十分に発揮し、さらに自己有能感がもてるよう、管理者（ミドルマネジメントなど）は部下を支援することが必要であると論じています。

では、なぜ「支援」なのでしょうか。この理論の背景には、目まぐるしく変化し多様化する社会環境が想定されています。

上司からの指示命令を待つだけの体制では、環境や状況変化に瞬時に対応することが困難であり、むしろ部下が自律的に動けるよう、またその能力を十分に発揮できるよう職務環境を整備するなどさまざまな支援が求められるというのです。相手の要求に即応する対人サービスの現場は、まさに上司、組織からの「支援」が求められるところと言えます。

(4) キーパーソン

「個人のスキル向上」「チーム力の強化」「適切な裁量の付与」などを的確に進めていくためには、現場および働くメンバーを適切に管理する上司・管理者の存在は欠かせません。さらに、その背後には、人間関係の軋轢などで機能しないチームや部下を適切に管理できない上司への直接的な関与、感情労働を行う対人サービス従事者の日々の精神状態に気を配り、見守り支援する「キーパーソン」（第5章151頁）の存在が必須となります。事例の企業や病院では、この「支援」の考え方が、個人を対象とするだけではなく、部門を超えた組織全体に浸透しています。

(5) 教育・研修の機会

対人コミュニケーション・スキルの習得など、教育・研修の機会が多く設定され、人としての在り方や相手に喜んでいただくにはどう対応したらよいかなど、まさに感情労働を行ううえで基本となる学びが、チーム内、組織全体でしっかり時間をかけてなされます。学びを通して体得したことが感情労働の行使の中で活かされ、相手からより多く肯定的反応を受けることにつながります。

おわりに

さまざまな業種・職種のサービス現場で、対人サービス従事者はもとより、管理職、経営者から感情労働の実態について話を伺ってきました。約10年にわたって感情労働の現場で働く多くの方々から伺った生の声、感情労働に関するアンケート調査、先行研究から得た知見などを通して考えてきたこと、感じてきたことを、多少既述した点と重なるところはありますが、まとめを兼ねて2点記したいと思います。

ひとつ目は、感情労働の現場は、組織自体の在りよう、経営トップの真の想いをそのまま映し出す、まさに「鏡」であるという点です。

たとえば、第5、6章でも述べたように、顧客からの度重なる理不尽な要求、緩和ケア病棟などでの患者への全身全霊の看護、精神的に疲れ果ててしまうようなハードな状況であっても、感情労働を行う人に対する同僚、上司などの仲間の支えや風通しの良い組織風土がある現場では、心の健康を保持できる可能性は高くなります。

ましてや、相手との関係が感情労働の行使により良好であり、感謝など肯定的反応を受けた場合は、個人の喜びがチームに共有され活性化に寄与します。もちろん、その前提として対人サービス労働者自身が相手への対応能力を向上するために日々の研鑽・努力が必要なことは言うまでもありません。

一方、チーム・組織内の雰囲気が悪く、陰湿な職場環境の場合、相手からの否定的な反応による精神的な疲弊は軽減されず、むしろ増幅されることもあります。クレーム担当者など、否定的反応を受け続ける従事者の場合、疲弊が解消されないまま蓄積し、最終的に離職に至るケースも少なくありません。

個人が心身ともに健全性を保持できる感情労働の現場であるか否かは、良好な人間関係・有効な支援など、チーム・組織自体の在り様がそのまま反映されていると言えます。

また、多くの企業や事業体で経営トップが「社員を大切にし、いきいき働ける環境を整備する」ことの重要性を組織の方針として謳っています。トップの想いが対人サービスの現場にまで具現化され浸透していることは、筆者が行ったヒアリング調査の限りでは第6章で紹介した事例を除き、多くはありません。経営トップの想いが、組織の隅々にまで徹底・浸透するように制度・仕組みに落とし込み、組織風土として醸成されるよう積極的かつ粘り強く推進していくことが必須です。

組織の規模、業種・職種の特殊性などとは関係なく、実現のための原動力はまさに経営トップの強い想いにあります。感情労働は精神的負荷のかかる労働であり、不可視性も高く、対人サービス従事者の精神状態は周囲からは気づかれにくいことが多々あります。職場環境の快適性はもとより、対人サービスを行う人自身が「大切にされている」という実感が持てる現場なのか、経営トップの想いの真実性が感情労働の現場に映し出されます。

２つ目は、相手の変化に対する組織側の方針と対応の仕方についてです。相手とは言うまでもなく顧客、患者、児童・生徒の保護者などを指します。ヒアリングでは、ここ10数年、「顧客満足」「お客様第一主義」を曲解した相手からの常軌を逸した理不尽な要求が増加傾向にあるという声が数多く聞かれました。

一方、組織としての対応は、相手の要求の質・レベルの変化にもかかわらず、従来と変わっていないと言います。相手からの理不尽な要求に対して、対人サービス従事者の精神的健康を守るよりも、むしろ相手の要求に「顧客第一主義」のもと、「過剰適応」することを暗に強いている現場も少なくありません。常軌を逸した理不尽な要求などに組織としてどのように対応するのか、感情労働マネジメントの視点から組織のサービス・コンセプトを再検討し、方針を明確にする必要があります。

対人サービス従事者が心身ともに健康で働ける職場環境か、真に人を大切にしている組織か、ここにも前述のように経営トップ想い・姿勢が映し出されます。組織の中には、理不尽な要求に対して経営トップの判断で断るところもあります。

もっともこれは組織の側だけではなく、本書の文脈からは逸れますが、サービスを受ける側にも関わる問題です。モノやサービスの提供に金銭の授受が介在し、お客様、サービス提供者という関係であっても、あくまでも両者が「人」として対等な立場にあることに変わりはありません。

この点をあらためて認識し、互酬関係はないというものの、感情労働に対して自然体でお礼や感謝を示すことにより、対人サービスを行う人に励みや満足感、モチベーションアップをもたらします。これだけでも、感情労働の行使による精神的疲弊を軽減し、やる気や成長への意欲を喚起することにつながります。

理不尽な要求に我慢を重ねて対応してきた人が、お客様というサービスを受ける立場になったときに、今までの溜まった鬱憤を晴らす、という負の連鎖も聞かれます。この連鎖をどこかで断ち切る必要があります。

以上の点は、業種・職種を問わずにいずれの組織にも共通することです。本書が特定の職種に絞らない理由はこの点にあります。最優先になすべきことは、感情労働を行使する対人サービス従事者を支援するために組織的視点から基盤づくりをすることです。具体的には、チームの良好な人間関係、健全な職場環境の整備、風通しの良い組織風土、実効性のある制度・仕組みなどです。この基盤がしっかり築かれていなければ、どんなに個別の職種に適合する対応策を考えても砂上の楼閣になります。結局は対人サービス従事者個人にのみに負担を課す状況に陥ります。建物にたとえるならば、基礎・基盤部分に相当するのが第5章で示してきた業種・職種に共通する三層支援構造であり、個人・チーム・組織としての各方策です。その堅固な基礎・基盤の上に、おのおのの業種・職種に特有の個別具体的な課題に対する方策を建て上げます。この部分は各組織の中でよく検討し構築することが重要です。

併せて一般のマネジメントに関連づけて、本書の持つ意味について若干の付言をしておきたいと思います。このチーム・組織としての支援という考え方は、組織全体におけるチーム間、部門間の連携などの在り方にもおよぶものです。

たとえば、間接（スタッフ）部門から直接（ライン）部門へのタイムリーできめ細かいサポートも、本書で取り上げた対人サービスへの組織的支援と本質において変わりはありません。このように、企業・事業体組織をひとつの大きなサービス体系としてとらえ直してみることにより、従来とは異なる視点を現場のマネジメントに提供して活性化につながる可能性を指摘しておきます。

最後に、本書執筆の動機について少し触れておきます。西武文理大学サービス経営学部に入職してから、学部名でおわかりのように、多くの学生をサービス労働の現場に送り出してきました。その卒業生たちとの対話を通して、「サービス」の奥にあるもの、サービス労働者の心の中で起こる感情の働き、すなわち感情労働について改めて考えるようになりました。

サービス労働の現場で元気に活躍している卒業生がいる一方で、心が疲れきっている人も少なくないからです。だからこそ社会でいきいきと活躍し続けるために、在学時から感情労働について正しい知識を知り、どう対応するかその方法を身につけ、自身の心身を守りつつ仕事を楽しみ成長してほしいと思うようになりました。

加えて、彼らを受け入れるさまざまな企業・事業体に対しても、対人サービスの世界に必須である「感情労働」について認知していただくと共に、対人サービス従事者が心身ともに健康でいきいきと働いていくために感情労働マネジメントの観点から具体的方策を提案することができたらと考え、執筆に至りました。

対人サービスの現場は、組織の健全性を映し出す鏡です。感情労働マネジメントは組織の健全性を守り、創り出すものであると考えて頂ければ幸いです。

謝辞

本書は、事例で紹介させて頂いた企業の皆様をはじめとして、多くの方々の声が反映されています。対人サービスの現場で働く感情労働者、上司・管理職、経営者にお話を伺いましたが、皆様大変ご多忙の中、真摯にかつ率直に現場の状況を語ってくださいました。お一人おひとりの声をひとつもおろそかにできないという想いが、本書を執筆するにあたり、大きな支えとなりました。皆様のご厚情に心より感謝申し上げます。

大学院でお世話になって以来、長年にわたりご指導賜りました学習院大学経済学部教授　内野崇先生には厚く御礼申し上げます。いつも寛容な心で接してくださり、組織論の奥深さはもとより、人としての在り方を教えて頂きました。本書に関しても執筆のきっかけを与えて下さるとともに、貴重なご助言を賜りましたことを心より感謝申し上げます。

また、西武文理大学で貴重な研究の場を与えて頂きましたことを心より感謝申し上げます。「感情労働」の研究の端緒は、「おわりに」でも述べましたように、学生との対話にありました。その後、学内で感情労働に関する共同研究を立ち上げるにあたり、本学名誉教授　牛島光恵先生をはじめとして、現跡見女子大学教授　松坂健先生、本学名誉教授　故菊池英雄先生がメンバーとしてご参加くださいました。1年余りという限られた期間ではありましたが、社会学、サービス・マネジメント、人事管理論、組織論と専門領域の異なる先生方との議論から大いなる刺激を受け、貴重な示唆をいただくことができました。あらためて御礼申し上げます。

本書出版にあたり、日本生産性本部　杉浦修一さん、相見健司さん、米田智子さんには大変お世話になりました。心より感謝申し上げます。

なお、本書の基となる研究の一部はＪＳＰＳ科研費２５５９００８２の助成を受けたものです。

付録■職場の現状把握チェックリスト

業種、職種を問わず効果的に感情労働への組織的支援を進めるための感情労働マネジメントについて述べてきました。ご自身およびご自身の所属する組織の現状はいかがでしょうか。現状を知る一助としてご利用ください。

職場の現状把握リスト	チェック✓	本書の該当箇所
①職場の方々は「感情労働」という労働についてご存知でしょうか。 ⇒「感情労働」について、まずは知ることが第一歩です。		第1章 1.(1) (4)(5)
②所属する職場では、どのような「感情労働」が行われていますか。 ⇒職務の中で対人サービスが行われる場面を挙げてみましょう。その中で、だれが、どのような感情労働を行っているのか確認し共有しましょう。		第2章
③「感情労働」の行使から生じる心理的影響についてご存知でしょうか。 ⇒あなたの職場では、相手（顧客など）からどのような肯定的反応がありますか。また、どうしたら肯定的反応をより増大させることができるでしょうか。		第3章
④あなたの職場では、相手（顧客など）からどのような否定的反応がありますか。また、否定的反応の軽減について個人の努力・負担のみで対処していませんか。 ⇒組織の課題として認識すると共に、チーム・組織レベルでの対処が必要です。		第4章 第5章 1.(2) 2.(2)
⑤感情労働者に対し同僚、上司からの声かけ、協力、支援はありますか。 ⇒上司が率先して「支援」のリーダーシップを発揮することが大切です。		第5章 1.(2) 3.① 第6章 2.(3)

⑥健全な笑いが起こるような、風通しの良い職場でしょうか。現場の仲間同士で相互に教え合い学び合える職場環境でしょうか。また、パワハラなどはありませんか。 ⇒感情労働への支援の要となる「チーム力」の強化が最優先です。 ⇒チーム・組織の健全性を見守り支援するキーパーソンが必要です。		第5章 2. (2) 3. ① 第6章 2. (4)
⑦感情労働、ストレスマネジメントなどに関する教育・研修の機会はありますか。 ⇒組織は研修機会を提供すると共に、現場における学び合いを促進させる必要があります。		第5章 1. (2)-① (3)-② 第6章 1.
⑧「サービス・コンセプト」が明示され、現場に浸透していますか。 ⇒組織の最前線まで徹底浸透させるためのキーパーソンや仕組みが必要です。		第5章 1. (3)-① 3. ② 第6章 2. (2) (4)
⑨感情労働者を支援する制度・仕組み（一定の裁量性など）がありますか。 ⇒自らの組織に符合する支援の仕組みを作ることが大切です。		第3章 1. (2) 第5章 2. (3) 4.
⑩経営者が人（従業員、取引先、顧客など）を大切にしていますか。 ⇒経営者の人を大切にする姿勢が、「感情労働」マネジメントの原点です。		第6章 2. (1) おわりに

参考文献

阿部佳（2001）『私はコンシェルジュ』講談社
相川充（2008）『先生のためのソーシャルスキル』サイエンス社
浅井浩一（2013）『はじめてリーダーになる君へ』ダイヤモンド社
安藤史江（2008）『人的資源管理』新世社
DIAMOND ハーバード・ビジネス・レビュー編集部『新版 動機づける力―モチベーションの理論と実践』（2009）ダイヤモンド社
独立行政法人労働政策研究・研修機構（2012）『職場におけるメンタルヘルス対策に関する調査』報告書
藤森立男編著（2010）『産業・組織心理学―変革のパースペクティブ』福村出版
福井里江、原谷隆史他（2004）『職場の組織風土の測定―組織風土尺度12項目版（OCS―12）の信頼性と妥当性』産業衛生学雑誌No.46
ホックシールド A.R.／石川准・室伏亜希訳（2000）『管理される心―感情が商品になるとき』世界思想社

稲葉祐之（２０１０）『キャリアで語る経営組織』有斐閣
石田好江（２００５）「職務評価における感情労働－賃金慣行の再設計」女性労働研究47号青木書店
石川邦子（２０１０）「コールセンターの職場環境特性とストレスの関連性―感情労働の観点から」『日本労務学会』12（1）
金津佳子・宮永博史（２０１０）『全員が一流を目指す経営』生産性出版
片山はるみ（２０１０）「感情労働としての看護労働が職業性ストレスに及ぼす影響」『日本衛生学雑誌』65
川上憲人・守島基博・島津明人・北原明（２０１４）『健康いきいき職場づくり』生産性出版
木村洋二編（２０１０）『笑いを科学する』新曜社
木下武男（２００５）「感情労働」と職務の専門性―対人サービス分野における新しい職務評価について」『賃金と社会保障』No.1387　2月上旬号
久保真人（２００４）『バーンアウトの心理学』サイエンス社
久保真人（２００７）「バーンアウト（燃え尽き症候群）―ヒューマンサービス職のストレス」『日本労働研究雑誌』No.588

熊野宏昭（2007）『ストレスに負けない生活』ちくま新書
熊野宏昭（2012）『新世代の認知行動療法』日本評論社
桑田耕太郎・田尾雅夫（2010）『組織論　補訂版』有斐閣アルマ
厚生労働省平成24年労働者健康状況 http://www.mhlw.go.jp/toukei/list/h24-46-50.html
松原宏融他（2012）「遊びこころのすすめ」『そだちと臨床』vol.12
三橋弘次（2008）「感情労働で燃え尽きたのか？：感情労働とバーンアウトの連関を経験的に検証する」『社会学評論』58（4）
南知惠子・西岡健一（2014）『サービス・イノベーション―価値共創と新技術導入』有斐閣
水谷英夫（2013）『感情労働とは何か』信山社
望月智行（2008）『いのち輝くホスピタリティー医療は究極のサービス業』文屋
森真一（2000）『自己コントロールの檻―感情マネージメント社会の現実』講談社選書メチエ
森ますみ・浅倉むつ子（2010）『同価値労働同一賃金原則の実施システム』有斐閣
長松奈美江（2016）「サービス産業化がもたらす働き方の変化」『日本労働研究雑

誌』No.666
中原淳（２０１０）『職場学習論』東京大学出版会
日本医療労働組合連合会（２０１４）「看護職員の労働実態調査報告書」『医療労働』臨時増刊 1-84
西山真規子（２００６）「感情労働とその評価」『大原社会問題研究所雑誌』No.567
野田稔・ジェイフィール（２００９）『あたたかい組織感情』ソフトバンク・クリエイティブ
野中郁二郎（１９９６）『知識創造企業』東洋経済新報社
ＯＥＣＤ編／岡部史信・田中香織訳（２０１３）『メンタルヘルスと仕事：誤解と真実』明石書店
小川恵（２０１３）『対人サービス職のための精神保健入門』日本評論社
荻野佳代子・瀧ヶ崎隆司・稲木康一郎（２００４）「対人援助職における感情労働がバーンアウトおよびストレスに与える影響」『心理学研究』75（4）
奥島透（２０１６）『日本一小さな航空会社の大きな奇跡の物語　業界の常識を破った天草エアラインの「復活」』ダイヤモンド・ビッグ社
大塚泰正他（２００７）「職場のメンタルヘルスに関する最近の動向とストレス対処に

注目した職場ストレス対策の実際」『日本労働研究雑誌』No.558／January 2007
小村由香（2004）「感情労働における『自己』―感情労働がポジティブな経験となるための条件」『社会学年誌』45
小野田正利（2012）「教師たちの保護者に対する感情とクレーム対応力」『そだちと臨床』vol.12
ロバート・K・グリーンリーフ／金井真弓訳（2008）『サーバントリーダーシップ』英治出版
坂本光司（2011）『日本でいちばん大切にしたい会社3』あさ出版
坂本光司（2016）『日本でいちばん大切にしたい会社5』あさ出版
坂本光司&坂本光司研究室（2016）『さらば価格競争』商業界
崎山治男（2005）『「心の時代と自己」：感情社会学の視座』勁草書房
崎山治男（2008）「感情労働と組織：感情労働への動員プロセスの解明に向けて」『組織科学』41（4）
島津美由紀（2004）『職務満足感と心理的ストレス―組織と個人のストレスマネジメント』風間書房
スミス・パム／武井麻子・前田泰樹訳（2002）『感情労働としての看護』ゆみる出

版
スティーブン Ｐ・ロビンス／高木晴夫訳（２００９）『新版　組織行動のマネジメント—入門から実践へ』ダイヤモンド社
須賀 知美・庄司 正実（２００８）「感情労働が職務満足感・バーンアウトに及ぼす影響についての研究動向」『目白大学心理学研究』4
鈴木和雄（２００６）「感情管理とサービス労働の統制」『大原社会問題研究所雑誌』566
鈴木和雄（２０１２）『接客サービスの労働過程論』御茶の水書房
鈴木竜太（２０１３）『関わりあう職場のマネジメント』有斐閣
十川廣國（２０１３）『第2版　経営組織論』中央経済社
田尾雅夫（２００７）『モチベーション・アップ法』ＰＨＰ研究所
武井麻子（２００１）『感情と看護—人とのかかわりを職業とすることの意味』医学書院
武井麻子（２００６）『ひと相手の仕事はなぜ疲れるのか—感情労働の時代』大和書房.
田村尚子・牛島光江・菊池英雄・松坂健（２００９）「対人業務における感情労働の実態と課題—中間報告—」『西武文理大学サービス経営学部研究紀要』第14号

田村尚子（２０１４）「ホスピタリティ性を求められる対人サービス従事者の『感情労働』における組織的支援モデル」『西武文理大学サービス経営学部研究紀要』第25号
田村尚子（２０１５）「感情労働における『組織的支援モデル』精緻化への一考察」『西武文理大学サービス経営学部研究紀要』27
舘岡康雄（２００６）『利他性の経済学』新曜社
鄭真己／山崎喜比古（２００５）『コールセンターの労働職場環境特性が労働者に及ぼす影響―某情報サービス企業の縦断研究』産業衛生学雑誌 No.47
内野崇（２０１５）『新版　変革のマネジメント』生産性出版
宇都宮恒久（２０１２）『幸せのサービス』日本能率協会マネジメントセンター
吉田輝美（２０１４）『感情労働としての介護労働 介護サービス従事者の感情コントロール技術と精神的支援の方法』旬報社
コールセンター白書２０１６（２０１６）株式会社リックテレコム
産業人メンタルヘルス白書２０１１年版（２０１１）生産性本部メンタルヘルス研究所

Hochschild,Arlie R.（1983）. *The Managed Heart: Commercialization of Human eling*, University of California Press.（石川准・室伏亜希訳『管理される心—感情が商品になるとき—』世界思想社 2000年）

Karasek, R. A.（1979）. Job demands, job decision latitude, and mental strain: Implications for job redesign. Administrative Science Quarterly, 24.

Steinberg,Ronnie J. and Deborah M. Figart（1999）. Emotional Labor since *The Managed Heart, Annals of the American Academy of political and Social Science, 561.*

Tolich, Martin B.（1993）. Alienating and Liberating Emotions at Work: Supermarket Clerks' Performance of Customer Service. *Journal of Contemporary Ethnography, 22*（3）.

Wharton, Amy S.（1993）. The Affective Consequences of Service Work: Managing emotions on the Job. *Work and Occupation*s, *20*（2）.

Wouters Cas（1989）. Commentary: The Sociology of Emotion and Fright Attendants: Hochschild' s *Managed Heart"* , *Theory, Culture and Society, 6.*

Zapf. D.（2002）. Emotion work and psychological well-being: A review of the literature and some conceptual considerations. *Human Resource Management Review, 12.*

【著者紹介】
田村 尚子（たむら・ひさこ）
西武文理大学名誉教授
上智大学法学部卒業、学習院大学大学院経営学研究科博士前期課程修了。富士（現みずほ）銀行本店秘書室役員秘書、ラジオたんぱ（現 NIKKEI）ニュースキャスター、官公庁・一部上場企業などの人材教育研修、東京都多摩市教育委員などを経て現職。
専門は、経営組織論、組織行動論、サービス・マネジメント。
組織学会、産業・組織心理学会、日本カウンセリング学会会員、人を大切にする経営学会常任理事など。

感情労働マネジメント
対人サービスで働く人々の組織的支援

2018 年 3 月 20 日　初版 第 1 刷発行
2024 年 5 月 27 日　　　 第 2 刷発行

著　者　田　村　尚　子
発行者　髙　松　克　弘
発行所　生　産　性　出　版
〒 102-8643　東京都平河町 2-13-12
日本生産性本部
電話 03-3511-4034
http://www.jpc-net.jp/

印刷・製本　文唱堂印刷株式会社
装丁デザイン　田中英孝

ISBN978-4-8201-2072-8　C2034